托蒂笑话集

卖萌上下五千年

[意] 弗朗切斯科·托蒂 著　杨燕 译

新世界出版社
NEW WORLD PRESS

北京版权保护中心海外合同登记
图字：01-2017-7668

图书在版编目（CIP）数据

托蒂笑话集：卖萌上下五千年 /（意）弗朗切斯科·托蒂著；杨燕译. -- 北京：新世界出版社，2018.1
书名原文：Roma 10
ISBN 978-7-5104-6458-4

Ⅰ. ①托… Ⅱ. ①弗… ②杨… Ⅲ. ①弗朗切斯科·托蒂－自传 Ⅳ. ①K835.465.47

中国版本图书馆CIP数据核字（2017）第296100号

托蒂笑话集：卖萌上下五千年

作　　者：[意] 弗朗切斯科·托蒂
译　　者：杨　燕
责任编辑：丁　鼎
责任校对：宣　慧
责任印制：王宝根　高　金
出版发行：新世界出版社
社　　址：北京西城区百万庄大街 24 号（100037）
发行部：（010）6899 5968　　（010）6899 8705（传真）
总编室：（010）6899 5424　　（010）6832 6679（传真）
http://www.nwp.cn
http://www.nwp.com.cn
版权部：+8610 6899 6306
版权部电子信箱：nwpcd@sina.com
印　　刷：北京旭丰源印刷技术有限公司
经　　销：新华书店
开　　本：880mm × 1230mm　1/32
字　　数：100 千字　印张：6.25
版　　次：2018 年 1 月第 1 版　2018 年 1 月第 1 次印刷
书　　号：ISBN 978-7-5104-6458-4
定　　价：39.80 元

推荐序：托蒂与罗马

我第一次在电视屏幕上看到弗朗切斯科·托蒂，是1994年秋天，巴乔还在尤文图斯断断续续受伤，皮耶罗还没打进成名的那记吊射，巴蒂斯图塔正要完成单季26球的记录，希格诺里和卡西拉奇是拉齐奥的两个天王，佐拉还在帕尔马，没去切尔西开疆拓土。当时罗马的当家射手是阿根廷人巴尔博。然后我听到解说员说：“这是罗马小将托蒂。”

我扑哧一声就乐了，跟我爸说：“这人怎么，叫拖地？”

很多年后，我跟一个意大利朋友聊起过。他的说法如下：托蒂呢……喜欢他的人会觉得，他是个土生土长的意大利人，一个地道的罗马人。

他究竟完成过多少角色呢？为罗马出赛619场进250个球，38岁59天时在欧冠中进球，成为当时年龄最大的进球者，2000年欧洲杯亚军和2006年世界杯冠军。最微妙的是：他好像总不是那个最闪耀的人。

2017年退役之夜，托蒂说，他无法想象自己不再在罗马踢球后余下的时光。他人生中迄今70%的时光是“训练，穿上罗马球衣，出赛”。他就是罗马。当这一切结束时，他简直像要重新开始另一段人生。

2013年11月，他领过一个奖叫作Capitano dei Capitani，意大利语“队长中的队长”的意思。在我看来，这就是对他最好的称谓了。他、马尔蒂尼、杰拉德、巴雷西们，都是这样——“队长中的队长”。

所以，归根结底，他还是个罗马人。

大概从1998年开始，托蒂成为罗马的王子，之后成为队长。与此同时，他也乐意扮演一个蠢萌、热血、健壮的罗马青年。他是罗马王子，但从来不风度翩翩。他就是个跑动迅速、体格壮硕、前插凶猛、射门有力、出球快、大局观强、重心和柔韧性稍微差一点，于是射偏门后会骂骂咧咧，直来直去的，是条不折不扣的汉子。

这本书，与其说是关于一个球星的故事，更像是关于一个罗马“萌货”的故事。

本书一些典型的梗：

意大利语Area=面积=足球场禁区。所以托蒂会在几何学笔记里愣愣地解释：几何里的面积就是，“在这个范围里摔倒，就会有点球！”

意大利语流星Meteora，托蒂愣愣的科学笔记里如是说：“在意甲首秀帽子戏法，然后一无所成，只能卖给意丙的球员”。

也包括穿越到过去后，托蒂跟马可·波罗念叨。

托蒂：我的地理知识总是非常缺乏……我随我的罗马队去过意大利各地，还有欧洲，也有环球旅行。俗话怎么说来着？从阿尔卑斯到金字塔。

马可·波罗：金字塔？你去过埃及了吗？”

托蒂：不不，什么埃及！我只去过罗马B线地铁的金字塔站，在圣保罗门附近。

——的确，罗马B线就有个金字塔站。

这大概就是本书的面貌了。托蒂就这么，愣愣地，在时空穿梭的世界里，与伟大艺术家相遇，说些“驴唇不对马嘴”的故事。他像个在罗马街巷中溜达的孩子，用自己所知的一切，跟大师们插科打诨。当读完这一切后，我们多少能够了解托蒂，了解罗马，以及那些由托蒂介绍给我们的，世上的大师、基础的知识。

张佳玮

2017年8月14日夜，法国巴黎

目录

序章

“你呢，小弗朗切斯科，长大以后想做什么呀？”

“我长大以后要当足球运动员！”

我很快就察觉到，我需要一个备用答案来对付父母、亲戚、老师和校长。因为对于我的答案，他们总是反驳说：“可我是问你长大后想做什么工作，踢球可不是一门手艺，只是场游戏呀。”

是场游戏，没错呀！但我倒是很愿意看到校长在球场上奔跑二十年，也想看看叔公在健身房的器材上挥汗如雨，更愿意看到发胖的亲戚在瓢泼大雨或炎炎烈日下研究阵型。然后我们就是在这儿私下说说啊，我也挺愿意看到老师的小腿每周挨几下爆铲的。特别是关于那场腓尼基人的历史考试之后，那一下得交给我来铲："我并不是故意的，裁判先生！"

总之呢，我是一心想当球员的。但我可不愿意把整个周日的下午都耗在跟爸妈讨论前途上，小伙伴们还在院子里等我去踢球呢。于是我开始思考哪个职业可以作为备用计划，最好是个能让所有人都满意的答案。

的确是有我喜欢的职业的，比如航天员。那些航天飞机啊，宇航服啊，从肯尼迪基地起飞的火箭，能远远看着地球的空间站，在寂静空旷的宇宙中的太空漫步都让我向往。我想象着自己登月的场景，一定是和电视里看到的阿波罗计划一样的吧。如果在月球上，因为引力比地球小，我可以连续颠球几小时而不会把球掉在地上呢。

另一个我喜欢的工作是加油站工人。在我小时候，自助加油机是很稀有的。总是有个工人一边给我们加上一万里拉[①]的油，一边对我爸爸说：“不捅玻璃吗？”[②]我总是因为这句话很焦虑，为什么加油站工人要冒着弄碎玻璃的危险来捅我们的车窗呢，我们这辆车可是老家伙了……但是加油站工人这份工作令我着迷：这个工作环境多么美妙啊。他能呼吸到弥漫在空气中的芳香，那是我非常喜欢的汽油味儿。另外，从收入的角度看也很棒，加油站工人的口袋里总是有很多很多钱，每次找零的时候他会掏出一大把纸币。在我眼里，他简直就是迪士尼动画片里的唐纳德叔叔那样的百万富翁呢。而且还有别的好处：在他的小屋子里，总是有一大筐画着埃索石油（Esso）商标的足球，那是用来给老顾客们的奖励。我总是忍不住想，如果那么多球都归我的话，我能和来来往往的司机们踢多少场比赛啊。另外，加油站还有给轮胎用的打气机，永远不用担心足球漏气哦！

---

① 里拉（Lira）曾是意大利的货币单位，现已被欧元取代。

② 罗马方言的表达方式，指需不需要擦车窗玻璃的服务。

我得诚实地说，如今回想起来，当我思考职业规划的时候，哪怕只是用来敷衍父母的答案，也总是跟足球息息相关。

直到有一天发生了一件特别的事情。

当年的罗马城有汽车限号的规定，那天轮到我家的汽车不能开上街。爸妈都上班去了，他们只能拜托叔公送我去罗迪佳尼（Lodigiani）参加训练。那是我作为新生开始学习足球的第一年。我很高兴终于能有机会让家长们看看我的足球才能了，虽然他们仍然觉得足球不是一门足以谋生的职业。

“有交通管制啊，那我们不能开车了，”叔公说，“但是我已经向你的妈妈菲奥莱拉保证过，一定不让你误了训练的。来，抱上你的小足球！我们去坐出租车吧。”

“出租车？”我惊奇地问道。那是我第一次坐上一辆出租车，也是我第一次得知出租车司机这个职业的存在。

他们每天的工作居然就是开着车逛罗马城。当时的出租车都是欢快耀眼的黄色，这些幸运儿哪里都能去：从古城中心到城郊宽敞的公路。他们的车里有神奇的麦克风，可以跟调度中心的姑娘们或者同事们说话，还能在后视镜上挂玫瑰经念珠[1]。他们能和乘客们聊生活中的各种麻烦事。但是最最重要的，他们可以整天开着无线电广播，收听各种电台里的足球节目。

总而言之，对当时的我——一个热爱罗马城、热爱足球的小男孩来说，这是一份绝对完美的职业。

“哎，小弗朗切斯科，你呢，长大以后想做什么呀？”

“我长大以后要当出租车司机。”

现在，我已经长大成人了，所有人都知道我究竟从事了什么职业。但是你们真的确定吗?

在罗马队球员放假的日子里，如果你们在罗马街头看到一辆黄色的老式出租车——它的车厢内部是红色的，车门上漆着“ROMA 10”的标志——别犹豫，招手叫住它吧。

你们一定会得到一个惊喜的。

---

① 天主教徒的长串念珠，由108颗念珠、三角圣牌及苦像十字架组成。

第一章

托蒂与毕达哥拉斯及阿基米德

“弗朗切斯科，你真的不知道阿基米德定律吗？”

“阿基米德的开头是 AR，对不对？”

毕达哥拉斯（Pythagoras，公元前580年至公元前570年之间—约公元前500年）是一位著名的古希腊哲学家及数学家。他生于萨摩斯岛，曾游历埃及、希腊，有可能也曾到达过印度。毕达哥拉斯证明了勾股定理，该定理也被称作“毕达哥拉斯定理”。

阿基米德（Archimedes，公元前287年—前212年），古希腊数学家、物理学家、发明家、工程师及天文学家。他在水利灌溉领域颇有建树，发明的阿基米德式螺旋抽水机仍在部分埃及地区使用。阿基米德解释了杠杆原理，说出了流传后世的名言：“给我一个支点，我能撬动地球。”他定义的阿基米德浮体原理为浮体学建立了基本的定理。

这就是我，驾驶着我的出租车ROMA 10（罗马10号）。

我先向诸位介绍一下这辆车。我不打算把它的具体型号告诉你们，但可以透露这是一辆有点儿年头的四门小车。

嗨，兄弟们，别看它是辆老爷车，我把它保养得相当好呢。

我开着这样一辆小车在罗马城里转悠。我爱我的城市，想要好好看看那些街道，那些景色和罗马城的人们。街道和景色透过车窗就可以欣赏，所以我更留意那些坐上我出租车的面孔。虽然这是一辆特别的出租车，但它还是能尽到本职工作。我可以和乘客们聊天，可以谈谈生活中无数有趣的事情。

我选择开着这辆不起眼的老古董，是为了保持低调。有些种类的车是最鲜明的“足球运动员用车”：超级跑车，超级商旅车……如果你坐在那样引人注目的车里，难免会引来窥探。

而我，出租车司机托蒂，则希望能保持隐形，希望混迹在罗马人中间，能随意地到处转转，到处聊天。

请容我继续向你们介绍这辆车：它的外侧被漆成了黄色，车厢内里则是红色。在一座全都是白色出租车的城市里，它还挺显眼。

罗马的公共交通工具的颜色变迁十分奇怪。出租车曾是深绿色的，然后是黄色的，现在是纯白色的。公共汽车最初则是绿色的，然后橙黄的，现在是酒红色的，这倒是跟罗马队球衣的颜色一样。不过与球衣的区别在于，跑完一趟车之后，公共汽车司机们并不会交换车子。

我说过这车挺老旧的了，不过车里的各种配件和手柄可不少。那些红的蓝的是用来加热或冷却座椅的；那些旋钮是用来调节无线电的频道和音量的；那几个按钮是升降前后车窗的。总而言之，我用不着全部解说一遍，反正跟你们自己车里的都差不多。

出租车上有一样家用汽车没有的东西：里程计价器。用它的按钮可以调节计价方式，可以按时间计算，也可以按距离计算。计价的具体方式，解释起来会有点儿复杂。简而言之，就像所有人都知道的：跑得越远，时间越久，车费就越高。

但是有一天，我没法解释究竟是碰到了计价器的哪些按钮——当时我有些忙乱地正在特拉斯提弗列那些迷宫般的小巷中倒车，我瞟了一眼里程计价器，突然发现了两件奇怪的事情：

我的出租车在倒车，计价器上显示的价格居然在减少！十二欧元……九欧元……四欧元……

但是更奇怪的是，里程计价器上的时间也在倒退！那原本只是一个普普通通的计价器，既显示时间，又显示车程用时。总而言之，我的出租车一旦倒车，它就成了一台时间机器！

当我发现这个情况的时候，我感觉自己成了哈利·波特。我把车停下，松了油门，盯着转速表的指针，试着理清时间旅行的规则：引擎五百转的时候退回五百年，一千转，就是倒退一千年。以此类推。

我的好奇心顿时膨胀了起来，立刻重重地踩下油门：我好想看看古罗马啊……

我一开始加油，车窗玻璃就渐渐变深了，直到彻底变成了黑色。然后车身小小地震动了一下，似乎是安全着陆了，车窗玻璃也恢复了透明……而四周的景色已经完全变样了：没有高楼大厦，没有台伯河沿岸川流不息的车辆，台伯河沿岸的街道也不见踪影。只看到岸边停着无数由毛驴、骡子或者马匹拉着的车子。啊哈！我已经在公元前的古罗马了！

我这辆鲜艳的黄色出租车是周围最显眼的车子，对此我感到有点儿自豪，也有点儿不好意思。开过米尔维奥桥的时候，有两位穿着长袍的先生向我点头示意，于是我停稳车子，请他们上车。

“日安！”

“日安，恺撒！”我回应道。

“我不是恺撒，我叫阿基米德。”

“好吧，那么，日安， 阿基米德！我叫弗朗切斯科。我们去哪里？”

“很高兴认识你，弗朗切斯科。我们去罗马议会。”

“市中心那里？遗址那边？”我问道。

“什么遗址啊！罗马议会！那片刚刚建造好的新城区！”阿基米德惊诧地说。

“我明白了，明白啦，就是威尼斯广场边上，大斗兽场前面的地方。”

“威尼斯广场？大斗兽场？从没听到过这些名字。我相信它们并不存在，但我也不是很确定，毕竟我对罗马并不熟悉。我来自锡拉库萨（Siracusa）。”

“啊，西西里来的……”

“比起西西里岛，我更愿意称之为大希腊（Magna Grecia）[1]。”

“大希腊？啊，我很高兴希腊很大。谁能预料到在若干个世纪之后，伴随着欧元危机，它们可一点儿都不大了。”

“你总是说些奇怪的话呢，年轻人。”

“呃，我知道，这是件解释起来有点儿长的事情……”

“你的这辆马车也很奇怪。我没有看到马匹。”

---

① 公元前八世纪前后，由希腊控制的西西里岛及亚平宁半岛上的地区的总称。

“首先，这不是马车，是一辆出租车。其次，‘马’是有的：它们在前车盖下面，就是那个黄色的盖子。整整70马力[①]，我能把车开到95码[②]呢。”

“所有马匹都在里面？”

“对，都在里面。”我回答得非常肯定。

“祝贺你，这真是一个相当棒的主意。你知道吗，我欣赏天才，而且我自己就是个著名的发明家。”

“那我们几乎能算是同事了：记者们都叫我‘奇迹制造者’，因为我能创造出神奇的传球，还有一些高速的三角配合……”

阿基米德打断了我：“高速的三角？这真是我闻所未闻的概念。我的同事，就是这位，他可是三角的专家。弗朗切斯科，我向您郑重介绍一下，这位是鼎鼎有名的毕达哥拉斯。”

另一位穿长袍的先生向我点头致意。

---

① 马匹和马力的意大利语都为cavalli。

② 95码意即95千米/时。

“非常荣幸认识您，弗朗切斯科先生……”

“真棒！毕达[①]，你也是西西里人吗？”

“不，我是希腊人。但我生活在克罗托内（Crotone）——大希腊的一座城市。”

“我的老天，这大希腊还真够大的。”

“我是为了追随吾爱阿孙蒂纳（Assuntina）才迁居至此的。但是，不久之前我们分手了。”

阿基米德说：“别再去想这件事了，毕达哥拉斯，打起精神来！我们是为了放松心情才到罗马的，忘了那些吧……”

“忘却，忘却……谈何容易！我爱阿孙蒂纳！她为什么要抛弃我！”

“我们换个话题吧，毕达哥拉斯！你听到弗朗切斯科说的话了吗，‘高速的三角’？”

毕达哥拉斯把注意力转向我，问道：“弗朗切斯科，所以您也是一位三角学的专家吗？”

---

① 毕达是托蒂对毕达哥拉斯的昵称。

“啥？专家？这样说吧……我跟随教练学习了二十年三角，但那是另一种几何，与球队有关……”

毕达哥拉斯惊叹道：“一整支研究三角学和其他几何的队伍！罗马城果然科学昌明！”

“啊，毕达，我可以转述一些教练的图表和阵型给你。”

“哪种类型的？”

“避免双重盯人（记号）的三角……”

“神奇啊……”

“平行区域内的双重三角……”

“不可思议……”

“避免四人平行站位（四点一线）的快速三角……”

阿基米德插话道：“弗朗切斯科，我已经好久没看到毕达哥拉斯如此入迷地谈论三角了。他是最伟大的专家，我不知道你有没有听说过他的杰作‘勾股定理’。”

“‘勾股定理’？怎么会没听过呢？谁会不知道勾股定理？”我说。

“听见没有，毕达哥拉斯？你在罗马也很有名望！”

“我太激动了，简直无法相信……”

“如果你们允许的话，我可以复述一段……”我说。

毕达哥拉斯激动地说：“请！请讲！”

我思索着说：“那么……勾股定理……我不是很确定能记完整啊……”

毕达哥拉斯说：“放轻松，这并不是考试……”

我清了清嗓子：“勾股定理——爱上一个女人/讲出我的爱意/为她书写情歌/为她献上玫瑰与诗歌……”

阿基米德紧张地喊道：“弗朗切斯科！毕达哥拉斯可没有说过这些！”

“等一下，阿基米德，让他说完。我觉得很有意思……”

我继续哼着歌：“……你心如明镜/知她终将离你而去/她享受被爱却不知付出爱/你心如明镜/知她终将离你而去……[①]”

“哦不！弗朗切斯科！毕达哥拉斯说的是‘在直角三角形中，两直角边平方的和等于斜边的平方’！”

---

① 意大利歌手马可·菲拉蒂尼（Marco Ferradini）的情歌（*Teorema*）的歌词。勾股定理的意大利语名为Teorema di Pitagora。

毕达哥拉斯满脸通红地跳了起来，捂住了他那位老兄的嘴。他这是着魔了吧……

“阿基米德！请保持安静！你没有抓到弗朗切斯科所说的精髓吗？这个定律比我的那个有趣多了！谁在乎什么直角边！我被我心爱的阿孙蒂纳抛弃，就是因为犯了这些错！我告诉她我爱她……我为她写情诗……弗朗切斯科，我总是尽一切努力令她感到她对我有多重要，我把我所拥有的最好的一切都献给了她……”

我说：“啊，毕达！不，你不能这样！你也许既是个数学家又是个哲学家，但是你在女人面前太窝囊啦！对待姑娘，你得做一点儿这个做一点儿那个，既要倾心去爱，又要狠得下心肠。”

“你的‘勾股定律’是怎么建议的？”

“我这就告诉你第二部分。”

“谢谢！请帮助我，弗朗切斯科，请帮助我！”

阿基米德说：“真丢人啊……”

“毕达，听好：爱上一个女人/留她彻夜等待/令她度日如年/当她呼唤你的名字/不应/不理……”

“总之，就是对她坏？”

“不能太坏……一点点，一点点而已。既要倾心去爱，又要狠得下心肠。这两者的剂量比例要合适。尽力做一个温柔的情人……但是床笫之外……”

“毫不留情！”

我欣慰地说：“你看，你已经开始理解啦？”

这时阿基米德插话道：“对不起，毕达哥拉斯，你还记得斜边是什么吗？”

“谁管它什么斜边！我只要我的阿孙蒂纳！”

“啊，毕达，把自己留给懂你的人吧。”

“是的，弗朗切斯科，她是我的灯塔，她是我的主人！我多么幸运今天曾遇到她，她就住在这条街上！”

“去找阿孙蒂纳吧，让她明白你有多爱她。”

“好的，我现在就去。但是我要对她说什么？”

“告诉她，你已经反思过了，你曾犯了不少错误。然后对她说：‘如果一个男人失去了爱，他还剩什么？’你一定是赞同我的吧？”

“我同意！”

“如果一个男人失去了爱，他还剩什么？这就是唯一的定理！”

阿基米德发出一声痛苦的抱怨：“我身处何处？为何身陷在一辆‘矫揉造作’的马车里！”

我纠正说：“严格说来，这是一辆出租车，不是马车……”

“马车，战车，出租车！快把我们带去议会，聊天聊够了！”

毕达哥拉斯说：“真是不好意思，弗朗切斯科。我的这位同事有点儿易怒。当听到‘这就是唯一的定理’时，他难免失态。阿基米德对自己有点儿不满意。”

“为什么？”

阿基米德说：“别提这事。”

“因为他也写了一条定理，一条以他的名字命名的定理。”

“阿基米德定理？”

“我很意外，您也知道这条定理？虽然它的确非常有名，我必须谦虚地表示，我就是因为这条定理而被视为最伟大的科学家的。”

“什么？我不知道你的定理是什么。是毕达哥拉斯说有一条定理以你的名字命名而已……”

“明白了，那是我失言了。我还以为这片土地上充满了科学家呢。”

“哦，阿基米德！冷静一下吧。如果你想要挑起一场比赛，要知道我也是个名人。我才不用这些什么定理呢！我踢球进球！我是我们球队的队长！”

毕达哥拉斯若有所思地问：“球队？那支研究三角的队伍？”

我回答说：“对！你们当然不知道啦，随时随地都有人要求我签名，或者跟他们用手机合影！”

阿基米德说：“毕达哥拉斯，这人是个疯子。我们快从这辆马车上下去吧。”

“我再说一次，这不是马车，这是出租车。阿基[1]，你是不是榆木脑袋？就算你写了个什么定理，你的理解力也太糟糕了。”

“事实上，那是一条原理，而不是定理。”

毕达哥拉斯说：“弗朗切斯科，你真的不知道‘阿基米德

---

① 阿基是托蒂对阿基米德的昵称。

原理’吗？”

“哼，我现在想了想……应该是个很简单的东西。”

阿基米德喊道：“简单！你听听他说的是什么呀！我研究了许多年的！”

“所以，阿基米德的开头字母（Principio）[①]是AR，对不对？”

“毕达哥拉斯，快离开这辆马车！”

毕达哥拉斯拦住了他：“阿基米德，等一等！你是一个智者，一个科学家，一位宣传家。请向弗朗切斯科先生解释一下你的原理吧。”

我说：“是的，阿基。你得理解总有人不知道你的原理吧？比如，我知道你半点儿不懂签名啦，合影啦，更不用提手机了，我也没有生气呀。与此相反，我很耐心地解释了这些。请讲吧，我听着呢。”

“来吧，阿基米德，向他解释你的原理，然后我们出发去

---

① Principio既有原理的意思，也表示开头。

克罗托内。”

“克罗托内？我们应该去参加议会的聚会的！”

“不不，我们去克罗托内，我必须和阿孙蒂纳谈谈：‘如果一个男人失去了爱，他还剩什么？’”

“弗朗切斯科，看看你都干了些什么？但是我仍然愿意保持平静，来谈谈科学吧。我的原理十分重要，所有的学校都在教授这条原理。我确信您的学校也不例外。您真的没听说过：‘一个浸入在液体中的物体……’”

我打断他说：“没有。”

“一个物体浸入在液体中会如何？”

“一个物体浸入在液体中……游泳。”

“不！不是游泳！”

“相信我，那就是在游泳。”

毕达哥拉斯说：“阿基米德，很抱歉打断你，但是弗朗切斯科说得有道理：一个浸入在液体中的物体的确是在游泳。”

“游泳跟我们谈论的原理没关系！”

我耸了耸肩说：“你承认那是游泳了？那还是我有理。”

毕达哥拉斯点头道："的确是弗朗切斯科说的对！"

"毕达哥拉斯！当一个物体浸入在液体中，它会受到一个推力。"

"啊，我懂了！"我喊道，"我们在特里戈利亚训练基地的游泳池也会开这种玩笑。但是，阿基米德，请允许我纠正你的错误。一个物体先受到一个推力，然后才会摔进水里。"

毕达哥拉斯点头道："阿基米德你如何回应？我必须赞同弗朗切斯科，因为在游泳池的时候……"

"什么游泳池！我的实验是在一个浴缸里完成的！我发现当一个物体浸入在液体中……"

"……浸入一个浴缸……"

"是的，一个浴缸……它会受到一个向上的推力！明白我发现了什么吗？"

我激动地说："啊，我终于明白了！你发现了水疗！但是我在家里也能做到，这不是什么新鲜事……我在家的时候把自己泡进按摩浴缸，我会受到一个向上的推力。这要归功于按摩浴缸产生的气泡。"

阿基米德生气地说：“你在说什么啊，愚人！我的身体只要泡入水中就会受到向上的推力，但这跟水疗没有关系！”

“哎哟哎哟，阿基米德……你该不是说，当你泡在浴缸里的时候，受到向上的推力是因为……”

“因为什么？”

“我想说的是……”我停顿了一下，“你的肠胃还好吗？肚子里有胀气？阿基，我们把话说清楚，当你在浴缸里做实验的时候，你……有没有……？所以你才感觉到有一个向上的推力？”

“放屁了！”

“你们在说什么呀！”阿基米德喊道，“我说的是漂浮的物体！你们懂不懂水中漂浮的物体……”

“我知道漂浮的物体是什么。”我严肃地说，“阿基，不要继续说下去了。话题在气体这里打住就可以了。”

毕达哥拉斯叹气道：“我曾经相信你是个伟大的科学家。”

阿基米德愤怒地说：“你们这些疯子！无聊的愚人！我说的是一条普遍存在的原理！这个晦暗的时刻啊，如同你们的文明，将堕向无知的深渊！”

“阿基米德，别批评我们是疯子愚人了……想想你在浴缸里干的事……”

“看呀！这个为了阿孙蒂纳而无病呻吟的人，倒教训起我该如何举止了！”

“你怎可提及阿孙蒂纳！你必须先漱口才能讲出她的芳名！”

“兄弟们，别吵架。”我赶紧劝阻他们，“我们已经到达罗马议会广场了。这里有片步行道，你们就在这里下车吧。我也下车帮你们把行李卸下来。啊呀，有个轮胎被扎破了。”

“啊，真的破了。”阿基米德说，“真有趣，那些马车的木头轮子可不会被扎破呢。你留意看呐，你的车轮还瘪下去了，它不再是圆形的……啊，我领会了！”

“什么？”

“我发明了π[①]！这归功于你，弗朗切斯科，还有你那漏

① π，圆周率，指圆的周长与直径的比值，一般用希腊字母π表示，是一个在数学及物理中普遍存在的数学常数。

气的车轮！我该如何感谢你呢？”

“呃，你可以帮我一起换个轮胎。”

“这要如何做到？你的马车如此沉重。给我一个支点，我能撬动地球！”

“不不，我给你一个千斤顶，你只要抬起出租车就够了。”

毕达哥拉斯打断了我们的对话：“对不起，我必须先走了。我要去议会广场参加一个聚会。我们要在两条直角边和一条斜边上各构造一个正方形，用以证明……”

“啊，毕达。”我慌忙说，“我给你一个忠告：议会广场那里是古迹保护区，你千万别在那里造东西，否则他们会控告你的。”

“你听到了吗，毕达哥拉斯？那很危险，哪怕只是一个三角！”

“试都别试！你在那里建任何东西都要吃官司的。”

“真的如此危险？”毕达哥拉斯思索了一下，“那我还是去找阿孙蒂纳吧，用全新的‘勾股定理’！再会！”

“再会，毕达哥拉斯！回头见！”

“我要去创造一根能撬动你的出租车的杠杆了。”阿基米德也向我告别，“再会！”

“再会！这边再会！那边也再会！但是……这段路的车费谁付啊？”

关于几何学与数学的笔记

面积（Area）[①]：如果在这个范围内摔倒，就会有点球。

重心（Baricentro）[②]：卡萨诺（Cassano）的出生地。

底边乘以高（Base per Altezza）[③]：伊丽莎白女王唱卡拉OK。

正方形（Quadrato）：印刷错误，佛罗伦萨的球员。[④]

立方体（Cubo）[⑤]：迪斯科舞厅里领舞女郎们踩着的那

---

① Area也指足球术语“禁区”。

② 曾效力罗马队的球员卡萨诺出生于意大利南部城市巴里（Bari），Baricentro可被字面理解为巴里（Bari）市中心（centro）。

③ Base per Altezza可字面理解为“陛下的贝斯”。

④ 指曾效力佛罗伦萨队的哥伦比亚球员胡安·瓜德拉多（Cuadrado）。

⑤ 舞厅里的方形舞台也被称为cubo。

块几何实体。

除法（Divisione）：基督教禁止的运算。上帝说过："多多滋生，用乘法。"（Crescete e moltiplicatevi）①

幂运算（Elevazione a Potenza）②：在卢卡尼亚（Lucania）进头球。

最大公约数（Massimo Comune Denominatore）：马西莫·戴奇莫·梅里迪奥（Massimo Decimo Meridio）③的兄弟。我跟你们讲，我也是角斗士。

运算（Operazione Matematica）：就是你要做的计算啥的那档子事。

钝角（Ottuso）：就是很迟钝，什么都不懂的角。

平行线（Parallele）：两条永远不能相交的直线，所以他

---

① 《圣经》中"创世纪"中的原句，原为上帝对诺亚及其子孙所说的话中的一句："……多多滋生，大大兴旺。" moltiplicatevi另一含义为乘法。

② 数学概念中的幂（potenza）也是意大利南部的地区名称——波坦扎（Potenza），卢卡尼亚正位于该地区。Elevazione也有"跳起"的含义。

③ 马西莫·戴奇莫·梅里迪奥是电影《角斗士》（*il Gladiatore*）中主角的名字。

们花了很多电话费。

棱锥（Piramide）：和罗马地铁站一样形状的几何体。

平方根（Radice Quadrata）①：如果一棵植物是种在圆形花盆里的，你就没法做这个计算了。

菱形（Rombo）②：一种和土豆一起烤着吃非常美味的几何图形。

① radice意为“根”，quadrata意为“方形的”。

② Rombo另有比目鱼的含义。

第二章

托蒂与伽利略

“托蒂先生，您觉得一个重物应有何表现？”

“啊哦，那要看这身体伤得多严重了。

假设非常严重的话，必须原地不动。”

伽利略·伽利莱（Galileo Galilei，1564年2月15日—1642年1月8日），生于比萨，他是意大利物理学家、数学家、天文学家及哲学家。他发明或改进了多种科学仪器，其中包括天文望远镜。伽利略公开支持哥白尼的日心说，因此遭到了教廷的多年打压。

傍晚时分。

在电台播放的音乐和足球新闻的陪伴下，我开着车在罗马的街道上度过了整个下午，一切都是如此平静且美丽。

罗马的一些电台只谈论足球。有时我会听到一些可笑的消息，有不少还是关于我的。这些专家，或者说白我标榜是专家的人，经常令我忍俊不禁。这些关于我的消息，关于我做过或者没做过的事，关于我喜欢或者不喜欢的事，关干合同，关于我的职业生涯。有些消息是真的，但大多数却是全然不着边际的。当然啦，他们总是说“消息源自于托蒂身边的人”“托蒂的一个随行人员说”……

然后人们会发现，所谓的“身边的人”可能只是我的修车工，而“随行人员”是书报亭老板的大表哥……就没有人白问一句：为什么书报亭老板的大表哥会知道托蒂爱吃鲜酪还是干酪？然而，为什么是大表哥向全世界透露了这条“重大消息”，那些也热衷于发掘这种“独家新闻”的体育记者呢？

算了，我还是不要对这些事做太过认真的理论了。不如试一下那有趣的倒车戏法吧，再回到过去小小地游览一番。但是这次我必须精确掌握好加速，不要去太久远的古代了。我想停在五六百年前。

拨到倒车挡，离合器，缓缓加油。好了，把转速表的指针稳定在五百，轻轻地踩下踏板……

车窗玻璃重新又变深了，计价器上的数字开始倒退，显示的时间也在往回走……后退，一切都在后退。我感到出租车也变得轻盈了，仿佛正在飞行。

随着一记颠簸，我们到达了目的地。让我来看看我们着陆在哪里了。

没错，我相信这一定是十六世纪末……

啊哈，我正身处波波洛门（Porta del Popolo）附近的波波洛广场（piazza del Popolo）。

很多人认为这座广场和城门的名字来自于“人民”（popolo），事实并不是这样。“波波洛”一词来源于拉丁语“Populus”，意思是“杨树”（pioppo）。这里附近的尼禄（Nerone）墓边曾有一小片杨树林，波波洛广场就是得名于此。你们看，坐着出租车在罗马转转能学到多少知识呀。我们距离美德罗尼亚门还有一小段路，那是整个罗马最美丽的城门，那也正是我出生的地方！

立刻我就发现身处另一个时代的证据了：服装。人们的穿着真是太奇怪了。就像这位留着胡子的先生，还拿着满满的纸张、卷轴和手稿。他向我示意停车。我能告诉你他的名字，因为我在某幅画里见过他：伽利略·伽利莱（Galileo Galilei）。

“晚上好。这位尊敬的车夫，我必须说，您的马车真是非常独特。”

“这不是马车，这是出租车。”

“我从未见过这样的款式。”

“您一定是搞错了，这里不是福贾[1]（Foggia），是罗马。”

“是的，我知道我们身处罗马。当我说‘款式’的时候，是指您的马车。”

“这不是马车，是出租车。另外，它也不是福贾的，是罗马的。您看车牌上写着‘罗马’，而且车门也漆着‘ROMA 10’（罗马10号）呢。”

“是的，是的，正如您所言……请问这辆马车是根据何种物理法则移动并保持位移的？”

“这个问题我一点儿都不懂。”

“我是想知道这辆马车是如何移动的。”

“加满油（pieno），把油门踩足车就跑起来了。”

“一个实体（pieno）！质量，密度！我知道对于一个物体，所有的这些因素都能影响它的稳定性！特别是对它的运动！您也是研究物体运动（moto）的专家吗？”

“呃，特别精通谈不上。我对小摩托（motorino）还比较

---

① 福贾，意大利城市。

在行，这东西毕竟简单些。”

伽利略立刻掏出一个本子，开始全神贯注地写些什么。

“我记一下要点。您恰好确认了我的一些观点。从您的思辨来判断，您必然是一位伟大的学者。您对哪个认知领域最投入？您是位天文学家？哲学家？”

“呐，其实并不能算是……”

“我明白了：我正面对着一位伟大的物理学家（fisico）。”

“啊，别这么夸张。‘伟大的身材’（fisico），我……也就是一副保持得挺好的身材，紧致的身材。”

“啊，总之您是我的同僚！非常荣幸认识您！我是伽利略·伽利莱。”

“很荣幸，我是弗朗切斯科·托蒂。我们去哪儿？”

“我要去与巴贝里尼红衣主教会面。但并不是去梵蒂冈，这只是一次非正式的会面。我们将在他的家中共进晚餐。”

“红衣主教家的地址是哪里？”

“巴贝里尼广场的巴贝里尼大厦。”

“这种地址真是让人想忘也忘不了啊。伽利[1]，你是从哪里来的？”

“我去过不少地方。帕多瓦，佛罗伦萨，但我是比萨人，并在那里学习了很久……您知道那儿有一所最著名的大学吗？常规学院（il Normale）[2]。”

这我还能不知道吗，他以为我是谁呀。但是我比他知道的更多些，让我考考他。

“嘿，伽利，你知道为什么比萨大学被叫作常规学院吗？”

“的确不知。我在那里求学多年，但对此一无所知。”

“因为在很久以前，比萨造了一座塔，然后塔歪了……”

“是的，这个我知道……”

---

① 从此处开始，托蒂对伽利略从敬称“您”改为“你”，并用“伽利”称呼对方。

② 比萨常规学院成立于十五世纪，是现今比萨高等师范学院的前身。

“……然后他们造了大学，笔直的。所以，每当有人在比萨问路，人们就会对他说：‘看到斜塔没有？然后看到那栋正常的建筑了吗？那个正常（normale）的房子就是比萨大学。’”

伽利带着迷醉的神情看着我。我就知道我震住他了。他就算啥都知道，这个也没听说过吧。

“我被您无尽的学识所震撼了。这令我想起我在斜塔上做过的一个实验。”

“哇噢！什么实验？”

“关于重物（corpi gravi）坠落的实验。我非常想知道您对此的想法。托蒂先生，您觉得一个重物（corpo grave）应有何表现？”

“啊哦，那要看这身体伤得多严重（corpo grave）了。假设非常严重的话，必须原地不动。”

“您真是一盏明灯，这恰是我在我的理论中谈及的：重物在受到外力影响前，趋向于保持静止状态。为了展示这一点，在我的实验中，我从斜塔上抛下两个重物（corpi gravi）……”

“我的老天啊，当真？可怜的家伙们！人们在科学的名义下，还真是什么都干得出来啊。但我觉得这是无谓的残忍……”

“不！那是非常有用的！我从比萨斜塔上扔下了这两个重物。需要特别指出的是，它们的重量并不相同……”

“当然啦！但伤是一样的啊！总有一个比较严重（grave），另一个不太重……一个打着吊针，另一个挂着氧气袋。”

“您知道我发现了什么吗？我把它们扔下比萨斜塔之后，它们几乎是在同一时间到达地面的。”

“你倒是高兴呢……然而，只要做好本分的工作，任何人都能出名。举例来说，我，在我自己的领域是挺有知名度的……”

“您最感兴趣的是什么内容？”

“足球。”

“足球？从没有听到过这个名词。”

“换句话说，用科学术语讲，‘球’。”

“请跟我谈谈这个‘球’吧。”

“我的后备厢里就有一个。等我拿出来……”

我踩了刹车，把车停下。我总是带着足球，哪怕是在这辆出租车上，否则这就不能算是我的车了。

“看，这个是黄色的，耐克出品，意甲联赛用的款式。如你所看到的，足球是个球体。就像你说的，伽利，在你的理论里，用你的话讲，这个球体是趋向于静止状态的。”

“我非常高兴自己的理论能得到您的肯定……”

“但如果你给这球来一脚，它就会动起来，也许直飞，也许斜飞，这取决于怎么踢。简而言之，我讲的是凌空抽射、远程吊射、弧旋球，只有在很少见的情况下，会研究‘勺子’……”

“那么关于这个球体的研究，这个‘球’……我猜测只有少数精英才对此感兴趣吧？”

“你说的是什么呀！整个世界都围着足球转呢！”

“我亲爱的同僚托蒂！请您为我写下这个理论吧！一个球体，如何称呼来着？足球！黄色的，如同太阳……它位于中心，而整个世界都围绕着它旋转。这是一个革命性的概念啊！”

“并不是革命性的概念：就是联赛而已。然后还有杯赛和世界杯，不过世界杯每四年才有一次。”

“您是说四年发生一次？能干的托蒂啊，您解决了我的关于闰年的疑惑！既然说到这里，请问在罗马城的哪个地点最适宜观测整个星空？”

“我们可以去马里奥山（Monte Mario）①，那里最适合看全景。”

“我们现在就去吧。托蒂，您为我指明了道路。现在我理解了一切，哥白尼革命（La Rivoluzione Copernicana）②的理论都是正确的。您熟悉这个吗？”

“呃，这是我要遁走的时刻了……”

“哥白尼革命，那个推翻一切的哥白尼革命！”

“嘿，我理解你，伽利。我见证过很多次革命呢！比如

---

① 马里奥山位于罗马城西北部，海拔139米，是全城的最高点。

② 哥白尼革命指尼古拉·哥白尼提出的日心说对当时的科学发展带来的革命性的影响。哥白尼的日心说推翻了为神权服务的托勒密体系地心说，是将科学从“神学的婢女”的地位中解脱出来的开端。

‘泽曼革命’[1]说牵引力必须来自前场……”

“有趣……”

“然后，在国家队有‘萨基革命’[2]，阵形重于个人。”

“我能从您这儿学到好多东西啊，托蒂！您真是一座科学的源泉！”

“可是你说的哥白尼革命是什么？后卫全线压上进攻？”

“不，是一种日心理论（teoria eliocentrica）。”

“啊，我懂了，跟中场（centrocampo）有关的什么东西……很正确：那是赛场上的神经中枢。伽利，我们到马里奥山了。看这视野！能看到整个罗马！再看这星空！”

“我们运气很好，今晚的天空非常清澈。让我辨认一下方向……啊，找到了：托蒂先生，请看那里。那是小熊座。看过去另一个是大熊座。您知道再过去一点儿的那个是什么星座吗？”

“让我猜一下……唔，中熊座吧。不大，也不小，中不溜

---

① 捷克裔名帅泽曼（Zeman）曾二度执教罗马队，他的带队风格崇尚进攻。

② 意大利名帅萨基（Sacchi）曾执教米兰队及意大利国家队。他倡导比赛中战术和阵形的重要性高于个人发挥。

熊座。”

“不，那是猎户座的腰带。从古至今它都是极其重要的，您知道原因吗？”

“因为就靠它系牢猎户座的裤子嘛。你知道猎户座的样子有多好看吗，穿着短袜，在天空中，在一个那么大的星系的中央，所有人都看着你……”

“繁星无数……有谁知道究竟有多少颗星。”

“啊，伽利……想知道有多少星星，拿个望远镜去数数嘛！”

“我拿什么？”

“望远镜。你可以看得更清楚，然后不慌不忙一颗颗数。别跟我说你不知道望远镜是什么啊。哦，老天……你算哪种科学家啊？用来看星星的！一个长长的管子，一头装一片大大的镜片，另一头装一块小小的。然后你就能看到所有的星星了。”

“托蒂博士！这是我人生中最美好的一天！遇到您真是一个不可思议的转折点。如果不是必须与巴贝里尼红衣主教共进晚餐的话，我真想与您彻夜长谈。但是真可惜，我无法与他改期……”

“我兜里倒是有个手机，但是我想巴贝里尼不会有电话号码……”

“您说您口袋中有什么？”

“不不，没啥。伽利，不用管我刚才说的啥。地球，太阳，望远镜，这些没问题……关于手机什么的，我们还是下次再聊，别一下子聊撑了。来吧，上出租车吧……”

“上什么……？”

“就……马车吧。我送你去见巴贝里尼红衣主教。”

“唉，我已经预见到与巴贝里尼的晚餐注定索然无味。但是与您——托蒂的交谈却是全然另一种体验。那顿晚餐肯定无聊得不如转自己的……”

“哦！伽利！你这么讲话就不应该了……”

“请原谅我如此低俗的言语……”

“不不，我不是说这个。根据你的理论啊，不应该是它们转。它们是静止的，是我们在围绕着它们转！”

关于科学的笔记

流度（Fluidità）：分子运动并形成一个进攻型（fluidificante）后卫的能力。

离心力（Forza Centrifuga）①：用来激励洗衣机的喊声。

光合作用（Fotosintesi）②：总结性的照片，比如每场比赛前首发十一人的合影。

查理·盖·吕萨克气体定律（Legge sui Gas di Gay-Lussac）：关于同性恋（gay）的法案（legge）我就不发表意见了，我相信议会能处理好这件事的。

---

① Forza，意为"力，力量"，也用在加油的口号里，如"Forza Azzurri！"，（意大利队加油！）。Centrifuga也指洗衣机的脱水功能。

② foto，意为"照片"。sintesi，意为"提纲，概要"。

震级（Magnitudine）：你吃下（magni）的药的剂量单位。

流星（Meteora）：在意甲首秀帽子戏法，然后一无所成，只能卖给意丙的球员。

微气候（Microclima）[1]：开了空调的奔驰斯马特[2]。

单细胞体（Organismo Monocellulare）：只有一个手机的生活方式。

压力（Pressione）：衡量压力的单位叫作“氛围”。举例来说，如果你打客场比赛，球场气氛很热烈，你就处在压力下。如果他们对你喝倒彩，这个情况不在我们的讨论范围之内。

天文望远镜（Telescopi）[3]：某个坏小子看到浪子球员带着两个女孩从夜总会里出来时问的问题。

---

① 微气候指在一个很小范围的气候与周边环境的气候有异的现象。

② 斯马特（Smart）汽车是一种仅有两人座位的超小型车。

③ scopi（原型scopà）在罗马方言中指发生性行为。

时间（Tempo）[1]：等于空间除以速度。通常分成两个半时（tempo），外加中场休息时间。只有在很少见的情况下，会出现两段补时。然后就是点球决胜了。

零（Zero）：唯一一个既不是正数也不是负数的数字。它真正的名字不叫作零，叫作雷纳多·菲亚契尼（Renato Fiacchini）[2]。

---

① 意大利语中，tempo也指球赛中的上下半时。

② 雷纳多·菲亚契尼是一名意大利歌手，他的艺名为雷纳多·零。

第三章

托蒂与翁贝托·艾柯

“这是个什么？”

“一个误会。一种表示张冠李戴的表达方式。”

“我知道了，但是教授您知道为什么会发生这种情况吗？

因为唐纳德叔叔（Zio Paperino）

总是让他的三个小侄子穿一模一样的衣服，

所以难怪经常把葵伊（Qui）当成库尔（Quo）。”

翁贝托·艾柯（Umberto Eco，1932年1月5日—2016年2月19日），著名的意大利作家、哲学家及符号学家。艾柯在意大利博洛尼亚大学长期任教，是符号学研究的领军人物。他在中世纪文学及哲学、大众传媒学、新闻学、文学评论等领域均有大量研究著作。艾柯在1980年出版了首部小说《玫瑰之名》，这部小说迅速在世界范围内引起了巨大反响，被翻译成47种语言，并被改编成电影。艾柯随后出版的《傅科摆》《昨日之岛》《布拉格墓园》等作品也获得了世界范围内的成功。2016年2月19日，艾柯在米兰逝世。

我的这辆旧车，这辆看上去不知道何时就会叹出最后一口气的老伙计，给我带来了无尽的满足。我和我的出租车在时间长河中自如地来回穿梭，驶遍昨日和今日的罗马的每一条街道。

我无法要求更多了。

今天是一个阳光充足的周一，我的第一位乘客是位戴眼镜的先生。他正从威尼托大街和西班牙广场之间的一家旅店里出来。他头发稀疏，但仍然是深色，而茂盛的胡子倒是一片灰白。一张波澜不惊的面孔，醒目却又让人感到安心。我一时记不起他的名字，但幸运的是，旅店的服务生帮了我一把。这位穿着制服的好人打开我的车门，将乘客送进车厢后向他告别："再会！艾柯教授！"

这一刻我感到了自己的渺小。

“日安，艾柯教授！我们去哪儿？”

“祝您日安。我们去猞猁国家科学院[①]，在伦加拉街。”

“好极了。我们从威尼斯广场绕过去，然后经过祖国祭坛（Altare della Patria）和马塞洛剧院（Teatro Marcello）。这条路线行吗？”

“非常好。能在这样一个阳光充足的上午观赏罗马的美，总是无比的荣幸。”

“然后我们从马兹尼桥过河，到达特拉斯提弗列[②]。”

“正确，特拉斯提弗列。多么美的地名……如此普通，又如此令人回味。”

“哦不，教授。不要突然开始谈高深的话题呀，我跟不上您说的意思了。”

“我只是简单地表示，仅用‘特拉斯提弗列’这一个单

---

① 猞猁国家科学院，Accademia dei Lincei，位于罗马的意大利国家科学院，是世界上最古老的科学研究院。

② 特拉斯提弗列，Trastevere，意为“越过台伯河”，是罗马城的母亲河台伯河的西岸地区。

词，不但指代了罗马的一个地区，而且还指示了这个地区的精确方位：越过台伯河，来自拉丁语‘越’（Trans）和‘台伯河’（Tiberim）。您认识这个著名的拉丁词‘越’吧？”

“没有呢，教授。我的确认识几个拉美的变性人①，但是必须说清楚啊，并不是在什么特别场合认识的，我只是去看过几次类似《沙漠妖姬》②或者穆卡萨西娜③的表演而已。”

“不，不。我真抱歉，这是个误会。”

“这是个什么？”

“一个误会。一种表示张冠李戴的表达方式。”

“我知道了，但是教授您知道为什么会发生这种情况吗？

---

① 拉丁语中Trans-表示“穿过”“越过”“超越”，在现代意大利口语中，Trans可作为变性人或变装人的简称。

② 《沙漠妖姬》（*Priscilla*）是一部讲述一个变装人歌舞团的澳大利亚公路电影。

③ 穆卡萨西娜（Muccassassina）是意大利最有名的同性恋演出，每年十月至次年七月的每个周五，在罗马的舞厅定点演出。

因为唐纳德叔叔（Zio Paperino）[①]总是让他的三个小侄子穿一模一样的衣服，所以难怪他经常把葵伊（Qui）当成库尔（Quo）。”

“您这真是非常完美的观察角度。”

“但是教授啊，我跟您讲，当唐纳德叔叔说‘葵伊（Qui），过来这里（qua）’的时候，到底谁该过去？葵伊（Qui）还是瓜尔（Qua）？您看还是换个话题吧，否则我要把自己绕晕了。但其实解决这个问题很容易啊。给他们换几个不一样的名字就行啦！”

艾柯朝我认真地打量了一会儿，扶了扶眼镜，显得非常惊讶。

“啊，原来是您啊！托蒂！我就觉得您看着非常眼熟呢。您为什么会开着出租车？”

---

① Zio Paperino，唐纳德叔叔是迪士尼动画人物，他有三个小侄子，分别名叫葵伊（Qui）、库尔（Quo）、瓜尔（Qua）。

“这个故事就有点儿长了，教授。我偶尔会花上一天的时间在罗马观光。这是唯一能够让我低调出门的方式。然后我还能跟各种有意思的人们聊聊天，比如您。”

“非常感谢，您真是太客气了。我一直觉得自己只是个无聊的老教授……”

“当然不，教授！您说的东西都非常有趣和新奇。比如刚才关于‘特拉斯提弗列’和‘越台伯河’，您说了一件我从来不知道的事呢。”

“哪件？”

“就是古罗马的变装人原来不待在奥运村，而是在台伯河边啊！而且我现在知道了，普莉希拉地下墓穴[①]也开始有点儿可疑了……”

“不，弗朗切斯科，我再次向您重申：我只是简单地谈论这个地区的命名方式（toponomastica）。”

---

① 普莉希拉地下墓穴（Le catacombe di Priscilla）是在罗马发掘的一个古墓穴群，测定年代约为公元二世纪至五世纪之间，墓名恰与前文中提到的变装人题材的电影《沙漠妖姬》（*Priscilla*）同名。

“哦，是的教授！那个地区的老鼠（topo）的确是个大麻烦。不过我觉得这取决于台伯河，河两岸如果干净点儿，老鼠就会少点儿。但是别说这个了，您去猞猁国家科学院做什么？”

“有一场关于修辞格（figure retoriche）的研讨会。我们几位同僚相约做一些文化交流。”

“在您这年纪？仍然交换球星卡（figurine）啊。您真行啊教授！我也收集卡片，不过那都是小时候了。您不试试现在的新玩意儿？比如手机游戏，或者PlayStation……”

“您这是说什么呀！我是个哲学家，研究文学和符号学。我研究一门语言具有的所有形式和变化。您对语言（lingua）感兴趣吗？”

“说实话，舌头（lingua）并不太吸引我……”

“这可真糟糕！”

“我更喜欢肝，不太爱吃牛尾。主要是现在啊，找个能把牛尾做得好的厨子实在太难了。”

“这一点您讲得很有道理，我昨天就点了一份牛尾[①]……酱汁里居然没有放松子！”

“更别说那些忘了放丁香的人了，真该把他们都流放出罗马。”

“每当谈及罗马菜，人人都是专家。”

“我有个秘方讲给您听：烹调芹菜的时候，准备一点儿擦碎的黑巧克力。顺便问一句……grattuagiato（擦碎）的拼写是一个g还是两个g？”

“一个g，但是两个t。”

“我经常搞错，教授。也是因为意大利语里有太多陷阱了。比如说，‘tutto attaccato’必须分开写（staccato），而‘staccato’又必须全部连在一起（tutto attaccato）。很奇怪，是不是？”

“这是一些简单的规则，而且并不多，只需要记住就可以了。”

---

① 用蔬菜烹制的牛尾是罗马的传统菜之一。

“举例来说，‘acca’[①]是不发音的，对吧？”

“正确。”

“那么您之前就说错啦：您对我说要去猞猁国家科学院（Accademia）。但如果‘acca’不发音，您应该说‘猞猁圈’（Demia dei Lincei）。”

“再多来几个这种托蒂式的概念，我把我的学位证书撕了算了……”

“好了，我们也不用着急，因为已经快到了：这条是伦加拉路，那条是法内西纳街，猞猁国家科……学院的所在地。”

“终于熬过了黎明前的黑暗……”

“您知道前面是哪里吗？从这里也能看到，就是左边那里。”

“我当然知道，那是罗马最著名的监狱。”

“Regina Coeli（雷吉纳-切利监狱）。正确发音是Celi（切利）而不是Co-eli（考艾利），对吧？”

“非常正确。这里有一个双元音，但是应该按拉丁语规则

---

① acca为字母H在意大利语字母表中的名称。通常H在意大利语单词中不发音。

去发音。”

“教授，您是位学者，一定读过一大堆诗吧……”

“的确是……”

“好极了，那您给我解释一下为啥poeti（诗人）的发音是po-e-ti（波艾第），而不是pe-ti（佩第），跟Coeli（切利）一模一样的双元音呀？”

“因为……我到啦！再见！！晚安！！！”

“晚安，您说了正确的词。但是您知道吗，教授，那个该怎么说来着？Buonanotte ai suonatori（播放机式的晚安）还是Buonanotte al secchio（水桶式的晚安）[①]更好？如果是后面这种，我是不是该给拖把也道声晚安？”

---

① Buonanotte ai suonatori（播放机式的晚安）和Buonanotte al secchio（水桶式的晚安）都是意大利语中形容结束谈话的比喻。前者的寓意是“如同一曲终了之后自然而然的告别”，后者的寓意是“水桶掉井里捞不起来了，无可奈何式的道别”。

关于意大利语的笔记

段落分析（Analisi del Periodo）①：总比去看一段时间的精神科（un periodo in analisi）②要好吧。

撇号（Apostrofo）：就是撇号（L’apostrofo）这个词中的撇号。

条件式（Condizionale）③：另一种在法庭判决中禁止使用的动词形式。

虚拟式（Congiuntivo）：一种动词形式。如果用得太

---

① periodo有“文章段落”及“一段时间”的多重含义。

② andare in analisi指去精神科看病。

③ Condanna senza condizionale在司法领域中意为“不得缓刑”，字面直译也可理解为“没有条件式的判决”。

多，会导致结膜炎（congiuntivite）。

现在分词（Gerundio）：奇怪的动词形式。既然“Armando”可以是“amare”的现在分词，为啥“Fernando”就不是“fernare”的现在分词？[1]

摘要（Riassunto）[2]：重新找到工作。

---

① 人名阿芒多“Armando”与动词“amare”的现在分词构词形式相同；人名费尔南多“Fernando”，不存在动词“fernare”。

② riassunto可拆分为ri（又）+assunto（被雇佣的）。

第四章

托蒂与加里波第

“很荣幸认识你，我是朱塞佩·加里波第。”

“看呀，加里波第！桑普多利亚的将军。

这是我的荣幸。我是弗朗切斯科。

你带着这匹马打算做啥？

我们把它绑在车顶的行李架上？”

朱塞佩·加里波第（Giuseppe Garibaldi，1807年7月4日—1882年6月2日），生于尼斯。加里波第是著名的意大利将领，也是出色的政治家。他是意大利统一运动的重要领导人，与维托里奥·埃马努埃莱二世、加富尔、马志尼被视为意大利国父。红衫是加里波第的标志性穿着之一。

快到正午了，很快就是午餐时间，我现在就饿了。

我决定了：马上去餐馆。

但是去哪家呢？这片地区到处都是餐馆。去路齐亚诺吃猪头肉面？算了，我不怎么喜欢乡土菜。那家叫“蓝发仙女”的希腊餐厅？嗯，不了，他们的特色肉末茄子饼能让我反胃到2024年世界杯。

附近还有家叫“为你文身”的馆子，非常隐秘，整个餐馆都用蜡烛照明。你能在那里一边吃饭一边做文身。不过要留心点单的顺序，否则你可能吃到一份夹着毛利部落图腾的面包，而胳膊被文上了一只烤鸡腿。

当我正在预先享受着特色菜的滋味（墨鱼汁焗饭）时，出租车电台的呼叫把我重新拉回到了现实。有位老兄在附近叫车，他急着去火车站。

好啦好啦，我不去餐厅啦，耐心点儿。

这位就是我的新乘客。他神色焦急，穿着件红色的衬衫，留着一把可观的金色胡子。这是德罗西（De Rossi）[①]吗？不，不可能是他，因为边上还站着一匹白马，而德罗西的爱车是辆黑色的玛莎拉蒂。不过这张脸倒不陌生。

“日安。我觉得我们认识的吧。你是桑普多利亚（Sampodoria）[②]的队长，对不对？”

“不，我是将军。很荣幸认识你，我是朱塞佩·加里波第。”

“看呀，加里波第！桑普多利亚的将军。这是我的荣幸。我是弗朗切斯科。你带着这匹马打算做啥？我们把它绑在车顶的行李架上？或者我们把它折叠好，后备厢里还是能塞一塞的。”

“不，不。它掉了块蹄铁，罗马这该死的石头路。我的一个传令官稍后会来牵走它的。”

---

① 德罗西是罗马队的中场球员，长期担任副队长。

② 桑普多利亚是意大利热那亚的一支职业球队。

“我这里有工具，马上就能修好。”

“谢谢，但是我急着出发。加油，让我们出发吧。”

“遵命！”

听到我这声应答之后，加里波第突然神情一变，掏出一个本子写了些什么。我们立刻坐进了我颜色鲜亮的小车：向中心火车站出发。想要及时到达几乎是不可能的任务，这时段的交通状况真是糟透了。且不说通常的拥堵，正巧还有两场示威在市中心发生了冲突。电台播报说，一队游行人群正面堵住了另一队的行进方向，现在所有人都不得不停下来，还没达成友好解决的方案。耐心，耐心，在交通堵塞时最重要的就是保持平静。于是我试着与车上这位桑普多利亚的客人找个话题聊聊。

“去车站，出发，是吗？去什么好地方呀，将军？”

“我要回利古里亚（Liguria）[①]的夸多（Quarto），然

① 利古里亚是意大利西北部的沿海大区，热那亚是该区首府。

后坐船去西西里。”

“啊，乘邮轮是吧。真不错。我也想找时间来一趟，也许去撒丁岛（Sardegna），或者翁布里亚（Umbria）[①]。”

“什么邮轮！我必须为意大利组织一支远征军（spedizione）。”

“一个邮包（spedizione）。我有个建议啊，你填好单子贴好邮票之后，一定得在包裹上写上大大的字样‘易碎品’。否则那些递送员会把包裹扔来扔去，等收到包裹的时候，里面的东西全碎了。有一次我买了一盒全新的拼图寄给德尔·皮耶罗（Del Piero）[②]当礼物，他收到的时候只剩下一盒子碎片啦。”

“你理解成什么了？我是说一支从异国势力的枷锁中解放意大利的远征军！”

“说得太对了！那些外国人就是特别爱犯规，特别迷恋战术。”

---

① 翁布里亚是意大利唯一不沿海的大区。

② 德尔·皮耶罗，意大利尤文图斯队的前队长。

当我和将军开始讨论场上的战术和战略，如何布局防守盯人，如何两翼包抄的时候，交通电台里传出的消息可不怎么乐观。又有一支游行队伍到达了市中心，与原先的两支遇到了。据说有足足二十万人呢。

我必须另找办法将加里波第及时地带去车站。意大利的命运掌握在我的手中：晚到十分钟，远征军这事就没戏了。

让我们好好计划一下：我把加里波第背着跑过去？不不，最好还是别这样。我还没吃饭，感觉很虚弱。让出租车飞出一条“勺子”曲线？我用足球实现过很多次了，没道理用出租车就不行吧？我们飞到车流的最前面，这个出租车“勺子”一定非常壮观。

这时我用眼角瞟到右边有条废弃的小路，这正是我们现在最需要的捷径。

“放心吧，将军。我们能及时到达。我向你保证，如果赶不上这班火车，我直接开出租车送你到下一站。”

“下一站是哪里？”

“奥尔泰（Orte）[1]。放轻松，将军。你一定能赶上车的：罗马，或者奥尔泰！”

又一次，在我提高嗓音喊了一句之后，加里波第瞬间掏出他的皮面小本子，快速地涂写了一大段。真不知道他在干什么，啧。与此同时，我对罗马各处小巷的了解成功地把我们带到了中心火车站的附近，我们马上就到了。

“将军，我们快到了。我们只要从尼诺·比克肖（Nino Bixio）[2]路抄过去，然后沿着马萨拉街开到底就行了。”

“哪个尼诺？”

“尼诺·比克肖，你没听到过这个名字吗？一位非常英勇的战士。我听说是你同时代的人物。他们整个家族都很有本事，他的兄弟克劳迪奥·比克肖（Claudio Bixio）[3]是

---

① 小城奥尔泰位于罗马城向北37公里。

② 尼诺·比克肖（1821—1873），意大利统一运动中的重要人物，生于热那亚，加里波第的战友。

③ 克劳迪奥·比克肖（正确拼写为Claudio Bisio），1957年出生，意大利电影演员、喜剧演员、电视主持人、配音演员及作家。

一个非常厉害的喜剧演员。不知道你有没有看过‘泽立格’（Zelig）①。”

“啊，比克肖。等等，让我记下来。”

他再次拿出本子开始写笔记。天晓得加里波第为啥想要征召一个喜剧演员参加远征军啊，大概是为了鼓励士气吧。终于，我们到达了火车站广场，我真是厉害，时间卡得正好。

“看到了吧，将军？你还有时间喝杯咖啡，吃个夹肉面包呢。”

“很好，真是个厉害的年轻人。我需要支付给你多少车费？”

“13欧元（Euro）②。”

“欧元？这是什么意思？”

---

① 泽立格是一档意大利电视脱口秀节目。

② 欧元为欧盟大多数国家使用的统一货币。意大利从2002年开始加入欧元区，之前的货币单位称为里拉（lira）。加里波第所处的年代也使用里拉作为基本货币单位，但各地使用的货币都不相同。

“嘿，我说桑普多利亚人，别跟我耍那套热那亚人的抠门花样！欧元！欧洲的统一货币。”

“欧洲……统一？如同‘青年欧罗巴’（la Giovine Europa）[①]那样？你认识马志尼（Mazzini）[②]？”

“给你二十。留下零头吧，不用找了。”

“谢谢啊，加里[③]！折算成欧元足足有0.516元[④]。我可万分感谢你呢！”

“万……万分，呃？”

他又掏出了笔记本。

---

① 青年欧罗巴，是马志尼建立的国际组织，旨在推动欧洲各国人民独立运动及建立一个自由独立的欧洲。

② 马志尼，意大利著名作家、政治家，意大利统一运动的重要人物。

③ 加里是托蒂对加里波第的昵称。

④ 加里波第支付的应是当时罗马共和国的货币巴约克（baiocco），按1866年100巴约克=5375里拉，2002年1欧元=2000里拉的兑换比例，20巴约克≈0.5欧元。

关于历史的笔记

攻陷巴士底狱（Bastiglia）[①]：一般发生在革命中，或者感冒时。

新生代（Cenozoico）[②]：在哪里？这个“左伊科”（zoico）在哪儿？

康斯坦丁大帝（Costantino）：王座之王[③]。

---

① Bastiglia的读音近似于药丸（pastiglia）。

② Cenozoico的读音近似于“有个左伊科”。新生代是地球上最新的地质时期，始于6500万年前，至今地球仍处于新生代。

③ 意大利有一档电视真人秀《男与女》（*Uomini e Donne*）的冠军被称作王座之王（il tronista）。通过该节目跨入演艺圈的参与者中最出名的一位叫作康斯坦丁·维塔利亚诺（Costantino Vitagliano）。

克里斯托弗·哥伦布（Cristoforo Colombo）：热那亚水手。在他发现美洲之后，受到了官方授勋，最后以神探哥伦布[①]而出名。

邦迪埃拉兄弟（Fratelli Bandiera）[②]：他们一到球场就十分激动，上下翻飞。是横幅表兄弟（Cugini Striscione）的亲戚。

轮子的发明（Invenzione della ruota）：始于公元前5000年，止于公元前4000年。因为那一年，刹车被发明了。

赫梯（Ittiti）[③]：只认识一个元音和一个辅音的民族。

大宪章（Magna Carta）[④]：附骨之疽啊。

---

① 《神探哥伦布》，一译作“神探科伦坡”，是一部诞生于1968年的美国侦探剧集。

② 邦迪埃拉兄弟是19世纪意大利统一运动的重要人物。姓氏Bandiera在意大利语中的含义为“旗帜”。

③ 赫梯是一个存在于公元前1300年前后的小亚细亚古国。中文名称源自英语 Hittite，意大利语中发音为“伊提提”。

④ 大宪章，又称为自由大宪章，为英王约翰于1215年6月15日签署的政治宪章，旨在限制王室的绝对权力，将王权纳入法律的约束之中。大宪章被视为英格兰立宪过程的开端。

中世纪（Medioevo）：食世纪（Indicevo）与拇世纪（Pollicevo）[①]之后的历史时期。

拿破仑·波拿巴（Napoleone Bonaparte）：法国皇帝，在圣埃伦纳岛头槌顶翻马特拉齐（Materazzi）之后，职业生涯就完蛋了[②]。

安息帝国（Parti）[③]：古代波斯人，每过九个月就会增加很多。分成切萨雷伊（Cesarei）[④]、那图拉里（Naturali）[⑤]和皮洛塔第（Pilotati）[⑥]三族。

罗马诸王（Ro di Roma）：一共有七个——罗慕洛（Romolo）、马莫洛（Mammolo）、艾奥罗（Eolo）、皮

---

① 在意大利语中，拇指称为il dito pollice，食指称为il dito indice，中指称为il dito medio。

② 喻指前法国球员齐内丁·齐达内，齐达内在2006年世界杯决赛中头撞意大利球员马特拉齐后被红牌罚下，世界杯后宣布退役。圣埃伦纳岛（一译：圣赫勒拿岛）为拿破仑离世前最终的流放地。

③ Parti也可理解为parto“分娩”的复数形式。

④ Cesarei意为剖宫产。

⑤ Naturali意为自然分娩。

⑥ Pilotati意为引产。

索罗（Pisolo）、塔奎尼奥大帝（Tarquinio lo Splendido）、法尔考（Falcao）和托蒂[①]。

苏美尔（Sumeri）文明[②]：经常因为电影而过度兴奋的古民族，比如电影《疯狂苏美尔人》（*Tutti pazzi Sumeri*）。

① 罗马七王应为罗慕路斯（Romulus）、努马·庞皮里乌斯（Numa Pompilius）、图路斯·荷提里乌斯（Tullus Hostilius）、安库斯·玛尔提乌斯（Ancus Marcius）、卢基乌斯·塔奎尼乌斯·布里斯库斯（Lucius Tarquinius Priscus）、塞尔维乌斯·图利乌斯（Servius Tullius）、卢基乌斯·塔奎尼乌斯·苏培布斯（Lucius Tarquinius Superbus）。马莫洛、艾奥罗、皮索罗是童话故事《白雪公主》中七个小矮人的名字。法尔考为1980至1985年效力于罗马队的巴西球星，别号罗马皇帝。

② 苏美尔文明是美索不达米亚文明之一。

第五章

托蒂与但丁

“球王神作，哨响无踪。

我心悲戚，万事皆空。”

“马拉多纳进了一个非常精彩的倒钩，

但是裁判认为那是越位进球，所以吹掉了它。

我为此哭泣了足足两个月。”

但丁·阿利盖利（Dante Alighieri，1265年—1321年9月14日），出生于佛罗伦萨，是意大利中世纪的著名诗人及文学家。他以当时的托斯卡纳方言写就的巨著《神曲》（*La Divina Commedia*）是意大利文学及现代意大利语的重要基石。但丁被尊为至高诗人（il Sommo Poeta），与彼特拉克、薄伽丘并称为“文艺复兴三杰”。

我还是坐在我心爱的出租车里，但是遇到了一个问题：我找不到驾照了。我把牛仔裤的口袋都掏了一遍，没有。钱包里，没有。倒是摸出一张罗马队的南看台季票。看看：全新，簇新。我真想能用它去看一次比赛啊！我想知道两件事：一、我究竟为什么要买这张季票；二、“簇新”到底是什么意思？

我把外套的口袋也摸了一遍。我刚把手伸进这件厚工装的右边口袋，突然想起一件不可思议的事情：我还穿着这件外套！今天都七月五号了！怪不得这几个月我总觉得热得要命呢。

我立刻把外套脱了，拧了一把——老天！我这是出了多少汗！——然后把它摊开在副驾驶座上，继续找我那该死的驾照。

它会在哪里呢？

不会在床头柜里，因为出租车上没有床头柜。也许在手套箱里？我在手机谷歌上搜了“什么是手套箱”之后，找到并打开了车上的手套箱。啊哈，果然在这里！名字是我的，姓氏也对，这就是我本人的驾照。

我高兴得如同在伯纳乌进了球，突然看到手套箱里还有件别的东西。一个笔记本，有点儿发黄，皱巴巴的。我检查了一下封面上的姓名：名字，弗朗切斯科；姓氏，托蒂……哈，这是我小学时的作业本！满满的回忆啊，我和我五年级的作业本。我们一起度过了很多难忘的日子，少说有六七年呢。

我小心翼翼地翻开它，如同在研究一件古籍。我在上面写了各种各样的东西。随手翻到的一页上写着：

题目：长大之后做什么。

解答：长大之后我想当作家，或者诗人，总之是要当个学者。文学是我唯一的热爱。我还有本专门用来收集作家卡片的收集册，只需要一张福斯科洛（Ugo Foscolo，乌戈·福斯科洛，十八世纪意大利诗人、作家、翻译家及革命家）就成套了。在院子里，我和我的朋友们经常读诗直到夜幕降临。昨晚，我们因我的一首低音的十一音节韵诗而赢得了比赛，所有的人都感动得过来拥抱我。我心底最深藏的梦想是获得诺贝尔文学奖。如果梦想成真，我将是世界上最幸福的孩子。

但又是他，那个总是不解风情的调度台总机的刺耳嗓音把我拉回到了现实："罗马10号，罗马10号，短巷里有客人叫车。啊哈，如果经过那条路，记得可以收二十欧元的租金哦[①]。"

这个爱开玩笑的家伙，嗓音那么烦人，又那么自以为是……

但是我还能怎么办呢，又不能揍他一顿，还是开始工作吧。我关掉了电台，发动了车子。但是我从不知道罗马城里有条什么短巷。我打开一本地图册：暗巷，幽闭恐惧症巷，扭曲巷……啊哈，在这里：短巷。

短巷并不远，但它位于一个我完全不认识的街区。它隐藏在一片密集的房子之间，没有来往车辆，连光线都透不进来。在巷子另一端的阴影里，我看到了等车的客人。这个又高又瘦的身影站在街心，戴着一只硕大的月桂头冠。如果不是热尔维

---

① 意大利版《大富翁》（*Monopoly*）游戏中的规则，每次经过"路"可以拿到二十欧元。

尼奥（Gervinho）[1]换了新发带，那这位一定是但丁·阿利盖利（Dante Alighieri）[2]。

“日安，先生。我们去哪儿？”

“我不知道。我也不知道我身在何处。”

“你迷路了啊？那你知道路名吗？”

“不。路？”

“路的名字。那条你迷路的路名？我们得快点决定往哪边走，这样停在路中间太危险了。我怎么开？去市中心吗？”

“我不知道。我们现在在哪里？”

“啊，但丁，我明白了。你是个没经验的游客，是不是在网上预定的行程啊？总之你遇到我就不用担心了，我带你逛罗马，当你的导游，然后我再把你送回这里来。”

① Gervinho，曾效力于罗马队的球员，不论场上场下都戴着一根束发带。

② Dante Alighieri，意大利中世纪诗人，现代意大利语的奠基人，《神曲》的作者。

我们终于出发了，离开了那片由层层叠叠的棚屋聚成的幽暗地带。我们驶向罗马城，我的罗马，我的永恒之城①，我的世界之都②，我的和路雪之梦龙③……

我带着满腔热情出发了，要向我的这位迷失的乘客展示罗马的辉煌：她如此阳光，她如此华美，她如此……混乱。我还是太乐观了，今天的路况又出了问题，市中心的一块铺路石④碎裂了。为了重新填好路面，得派一群石匠去阿尔卑斯山上的玄武岩矿走一趟：采下一块六吨重的石块需要三天，把石块切割成完美的铺路石还要三天。

我们除了等待别无选择。为了消磨时间，我尝试和这位杰

---

① 原文为拉丁语，Urbs Aeterna。

② 原文为拉丁语，Caput Mundi。

③ “梦龙”是食品品牌“和路雪”旗下的一款巧克力雪糕，在意大利的品名为 Magnum Algida，形似拉丁语。

④ 意大利的一些城市，包括罗马的街道都曾以黑色玄武岩石块铺设路面。这种路面非常适用于丘陵地区起伏的地形，而且排水性出色，也十分坚固耐磨。但因年代久远，现在已变得容易碎裂。因为维修成本高昂，也不适应现代交通工具，罗马只在市中心部分历史风貌街道保留了这种路面。

出的客人聊聊天。

“真不好意思，这里的交通天天都这样，一个真正的地狱。最惨的是那些乘坐公共汽车的，全都挤在一起，如同一个沙丁鱼罐头（bolgia）[①]。”

“一个什么？”

“一个沙丁鱼罐头。你没听到过这种说法？‘一个沙丁鱼罐头’‘那个球场人多得像个沙丁鱼罐头’‘卢克雷齐亚·波吉亚（Lucrezia Borgia）’[②]。就算你是但丁也不可能知道意大利语所有的鸡零狗碎，啊，抱歉我说话比较粗。”

“我很抱歉，但意大利语对我来说的确是一门新的语言。我在几年前刚刚创造了它。[③]”

---

① bolgia，一指但丁的《神曲》第八篇中的火坑，用来惩罚犯有欺诈罪行的人；另一通常含义指一大群人挤在一个狭小的空间。

② 卢克雷齐亚·波吉亚，意大利文艺复兴时期的贵族女性，罗马教宗亚历山大六世的私生女。著名的“波吉亚家族”即指她与父兄。波吉亚（Borgia）与《神曲》中的火坑（bolgia）拼写近似。

③ 但丁的作品大多以托斯卡娜地区方言写成，在广泛流传之后，对现代意大利语的形成及统一有较大的影响，因此在某种程度上被称为意大利语之父。

“呃，我理解你。对我来说意大利语基本就是一门外语。[①]”

不可思议，排得密密麻麻的车流居然开始缓缓移动了，虽然得绕一大圈。原来在那块碎裂的铺路石下方发现了一座公元前三世纪的贵族别墅，所有的一切都保存完好，哪怕是居民，也都还活着，不过他们的衣服穿着都已经过时两千多年了。

“我们能继续移动了，但是得绕个大圈子。”

“圈子？”

“是的，非常大的圈子。但是你不要无精打采，每条路上的风景都一样美，还是一样能看到很多东西。你如果要做笔记，拿着这个——我小学五年级的作业本。我随手写了一点儿东西在上面，你就忽略它们吧。”

“我看看你写了些什么。”

---

① 意大利各地均有方言，按划分标准的不同，数量在数百至上千种不等。大多数意大利人能同时熟练掌握标准意大利语和一种以上的方言。托蒂的意大利语通常带有明显口音并掺杂罗马方言，他本人对此并不忌讳，在本书及之前的作品中多处使用罗马方言。

“我有点儿不好意思……”

“‘球王神作，哨响无踪。我心悲戚，万事皆空。’”

“马拉多纳进了一个非常精彩的倒钩，但是裁判认为那是越位进球，所以吹掉了它。我为此哭泣了足足两个月。”

“‘面包夹香肠啊，莱切的面包夹香肠。’”

“这是为了纪念我在萨兰多吃到的美味点心。”

“那的确不错。”

至高诗人看着我小时候的诗歌试验，而我们的车慢慢离开了堵车长龙，从近郊渐渐到达了罗马壮美的中心区。无数的喷泉，公园，建筑物，大理石雕塑，台伯河……我们真真切切地置身于天堂。但是经过这段长久的游览之后，天色已暗，但丁显得非常疲倦。我觉得应该陪他找一家酒店住下。我们在市中心找到了一家。

“啊，但丁，你觉得这家怎么样？”

“这家是三星级的，刚才那家更好。”

“刚才那家也是三星级的。”

“是四星的。”

“我跟你说，真的是三星的。”

“四星。”

哎，我们回到了之前的那家酒店去确认。我把车停在门口，我们一边争论，一边打开车门去看群星[①]。

① “我转向右边，观察南极；我看见四颗明星，除却第一对人以外，没有别人看见过；天上似乎因为他们的光芒而喜悦。住在北半球的人呀！你们不能注视这些明星，是多么少眼福呀！”（摘自《炼狱》第一篇）《神曲》中所指的四颗明星一般被认为指南十字座，在基督诞生时代的欧洲可以看到四颗星，但由于岁差，但丁所处的文艺复兴时期的欧洲，人们已经只能观测到三颗星了。《神曲》中的但丁神游炼狱（净界山），故依然能看到全部的四颗星，而身处当代欧洲的托蒂，则只能看到三颗。

关于文学的笔记

追忆似水年华（Alla Ricerca del Tempo Perduto）：普鲁斯特的巨作。最后的结尾是人们在抽屉里找到了时间。

附录（Appendice）[1]：如果写得不好，那就只能切掉它。

阿西莫夫（Asimov）：一个看书的人[2]。

赫耳墨斯主义（Ermetismo）：一场交流很少的文学运动。当他们彻底不交流的时候，叫作没耳目塞主义[3]。

---

① appendice另有阑尾的意思。

② 意大利语中动词‘阅读’的第三人称单数形式legge与阿西莫夫著名的机器人三定律的‘定律’legge拼写相同。

③ 赫耳墨斯主义是二十世纪三十年代兴起的一种文学概念。Ermetismo与ermu（耳目）部分拼写近似。

押韵对仗（Rima Baciata）[①]：存在于诗歌中。如果是法国式的押韵对仗，那么舌头的作用就非常重要。

小说（Romanzo）[②]：关于一头罗马的小牛犊的书。

莱昂纳多·夏夏（Sciascia）：伟大的西西里作家，但是乔瓦诺蒂[③]和范多拉[④]都不怎么喜欢他。

---

① 此处喻指法式舌吻。baciata的词根为亲吻baciare。

② Roman，意为“罗马的”；manzo，意为“牛肉”，均与romanzo（小说）有部分拼写近似。

③ 乔瓦诺蒂（Jovanotti），意大利著名流行歌手。

④ 范多拉（Nichi Vendola），意大利左翼政党政客。

第六章

托蒂与马可·波罗

“丝绸？丝绸……闻名全世界？

你把聚酯纤维置于何地？

你难道不知道吗，所有球员的球衣都是用聚酯纤维做的？

球衣才更有名！你觉得是作为纪念品送给妈妈的中国丝绸围巾有名，

还是贝利或者马拉多纳的球衣有名？”

马可·波罗（Marco Polo，1254年9月15日—1324年1月8日），意大利旅行家。他称自己曾随父亲及叔叔通过丝绸之路到达中国，并在元朝政府中担任官员。在回到欧洲之后，马可·波罗在热那亚被囚期间向作家鲁思梯谦（Rusticiano）讲述了他在中亚及中国的经历，后者据此写出了著名的《马可·波罗行记》。

费米齐诺机场（Fiumicino）。

我们都这么叫它，但它还有个名字是莱昂纳多·达·芬奇机场，以纪念这位伟大的发明家。人们从他的设计图中能看到，他在数百年前就发明了直升机、潜水艇、坦克……

但是，孩子们，虽然并不想引起争议，可是我认为，“设计”出一个发明是一回事，“制造”出实物就是另一回事了。

我来举个例子：如果一个孩子有非常卓越的想象力，他因此设计了飞行车和水下列车。请记住，是“设计”而不是“制造”。那么我想问：当未来的某个时刻，这些飞行车和水下列车真的出现的时候，这个孩子的爸爸能拿着儿子的设计图去申请专利吗？他能用达·芬奇的例子来理论吗，因为大家不都是仅仅设计了图纸吗？所有人都会对这样的事付之一笑吧。

因此，亲爱的莱昂纳多·达·芬奇，我对你所有已经完成的绘画和工程怀有莫大的敬意。但是那些只是停留在设计图阶段的不包括在内，虽然我知道那些也很棒。

好啦，停下这些思索，让我们回到之前的话题。和所有出租车一样，我正在机场排队等待乘客。但是今天的队伍长得好比四旬斋①，也许我可以倒车到快车道，然后通过多层停车场离开，避免在这里苦等太久。

但是……但是……还是同样的问题，就像你们已经熟知的：我的红黄色小车一旦倒车，时间就开始飞速倒转，从分秒到小时到年，甚至世纪。然后我就会去充当古人的出租车司机。虽然我还没弄清，是我回到了过去，还是那些古人来到了现在……走吧，倒车！快一点儿，再快一点儿！

看看这人的穿着呀：穿着丝绸的长袍，戴着顶草帽，带着成堆的大件行李——这哪是乘客，这是搬家呢！

我看了看这堆直接从中国运回来的箱子，其中一个箱子上的名牌写着：马可·波罗先生。

---

① 四旬斋（Quaresima），复活节前长达四十天的大斋节。

“好极了，马可！去哪里？”

“我们去万神殿附近的密涅瓦广场。我得去那里坐大篷车，为了回家，去威尼斯。”

“你说密涅瓦广场？稍等，我设置一下卫星导航，让它把我们带过去。”

我用手指按了一下导航仪，屏幕立刻亮了。那位马可·波罗先生立刻身体前倾靠了过来，瞪大了眼睛：“这件器具太神奇了！想想看，我一路都是靠着星空辨别方向才到达中国的。”

“连指南针都没有吗？”

“指南针……”

“指南针呀！看，就是这个。我买零食附送的赠品。”

“看来您是位专家……请问该如何称呼？”

“弗朗切斯科。”

“弗朗切斯科，你是个学者，还是位发明家？因为除了你这神奇的——你怎么称呼这东西的——星座导航……”

“卫星导航……”

“啊，卫星。除了卫星导航之外，你还提到了指南针。我曾以为我是西方世界唯一知道指南针的人，那还是因为我去过中国。”

“但是人人都知道指南针啊。每个参加过童子军或者看过《小土拨鼠手册》[①]的孩子都懂得：只要把一根针靠近一块磁铁，它就会指向北面。”

“当然，我知道你提到的书。但在中国，它叫作《小海狸手册》[②]。作者是孔夫子在契丹的一个表亲。”

“可不是嘛！看来还是迪士尼抄袭呢……”

“《小海狸手册》里还教了另一种辨别方向的办法：观察树干。长了苔藓的那面朝北。”

“这个苔藓什么的，我搞不懂……听着，马可，下次你去中国的时候，记得问一下那个功夫子……”

---

① 《小土拨鼠手册》（*il Manuale delle Giovani Marmotte*），迪士尼出版的系列科普丛书，以三只小鸭和唐纳德叔叔为主角，向小读者介绍日常生活中各方面的常识。

② 《小海狸手册》（*il Manuale delle Giovani Castori*），作者在《小土拨鼠手册》的基础上杜撰的书名。

“是孔夫子。”马可·波罗纠正道。

“孔夫子……你必须问他：‘嗨，孔，苔藓那是个什么故事？我有个朋友，他叫弗朗切斯科·托蒂，他住在罗马城南——南面，你知道不？就是托林诺（Torrino）那里。在托蒂的家里，有个地下室，地下室里有个柜子，柜子里放着他小时候的各种纪念品。有一个饼干盒里放的是他在最初几个球队首秀时的照片，如在弗提图多队，司米特-特拉斯特韦雷队……但在这个地下室里，这个位于罗马城南的地下室——看好了，是罗马城南，孔——那个柜子里长了一点儿青苔，幸好及时发现了，没有把那些纪念品弄坏。他家既有青苔又是在罗马城南，青苔不是北面吗？你讲这些青苔什么的时候要留神点儿啊。我跟你说，还好那些照片啊球衣啊都没事，如果真的被青苔弄坏了，我这个朋友，托蒂，要追到中国来跟你计较计较呢。’——你把这些话讲给孔夫子听。”

马可·波罗屏着呼吸听我说完，脸上的表情变得很奇怪。发生了什么事？

“弗朗切斯科，首先我得告诉你的是，孔夫子已经死了……”

“啊，真是抱歉，我不知道……那么请替我向孔夫人致以慰问，请节哀。”

“然后我想说的是，指南针和靠苔藓辨别方向的确是中国发明的。更不要忘记丝绸，闻名全世界的丝绸！我一直想写一本书，关于我沿着丝绸之路的漫长旅行。不过我还没有找到恰当的书名。”

“丝绸？丝绸……闻名全世界？你把聚酯纤维置于何地？你难道不知道吗，所有球员的球衣都是用聚酯纤维做的？球衣才更有名！你觉得是作为纪念品送给妈妈的中国丝绸围巾有名，还是贝利或者马拉多纳的球衣有名？”

“谁的球衣？”

“马拉多纳！贝利！曾经的最伟大的两位球员！”

“球员？”

“啊呀，马可，千万别说你连足球比赛也不知道呀？好吧，等会儿我解释给你听。总之，比起丝绸，那些球衣才是全世界闻名的！慈善拍卖的时候，它们能卖出让人发昏的高价。

那件贝利的10号球衣——我必须谦逊地说，贝利是我的一位同事——在佳士得拍卖行里拍出了25万欧元！而且价格还在不断上升，很快就能卖到百万欧元了。《百万》，这是个不错的书名呢。”

“你这么觉得？”

“是的，我是这么说……马可，我理解你对中国充满了狂热，你在那里住了很多年，你又刚从那里回来……那些中国人啊，他们有点儿偏执，总爱讲发明了这个创造了那个，指南针啊，面条啊，长城啊……”

“呃，长城是中国的啊，难道不是吗，弗朗切斯科？”

“他们的那个是他们造的……但那是他们仿造的呀！城墙是我们罗马人发明的！比如托尔托城墙（il Muro Torto），奥勒良城墙（le Mure Aureliane），梵蒂冈城墙（le Mura Vaticane）……”

“的确，你们罗马人对边界很固执。我作为威尼斯人，生于水上，我们更开放，更向往广阔的空间，喜欢旅行……”

“我不是讲边境，马可。我的地理知识总是非常贫乏。的确，我跟随我的罗马队去过意大利各地，还有欧洲，也有环球旅行。俗话怎么说来着？从阿尔卑斯到金字塔。”

“金字塔？你去过埃及了吗？”

“不不，什么埃及！我只去过罗马B线地铁的金字塔站，在圣保罗门附近。很奇怪，不是吗？一个罗马的城门，居然用那不勒斯的球场[1]来命名……地理学真是谜团重重呀。我跟你说实话啊，马可，边境什么的总是让我很受打击。”

“我则相反，我总是越过边境，将我自己推向东方。穿越重重边界，去满足我对知识的渴望。”

“不，我要是渴了就去喝瓶佳得乐。我从来搞不懂国境线，不过这对一个国家来说似乎很重要。每当你谈到一个国家，第一件事就会被问到边界。但是谁关心这种事呢。我去外国的时候，只想知道那里吃得怎么样，有没有特色菜，是冷菜还是热菜。除此之外，它是西北边接壤奥地利，还是东面靠着乌克兰，我可一点儿都不在乎！”

---

① 那不勒斯队的主场名称为圣保罗球场。

“是的，不过基础常识还是需要一点儿的。”

“在我眼里，地理学充满了谜题。马可，也许你懂这些……比如吧，人人都知道新西兰，但为什么从没人说过旧西兰在哪里？”

“这是个不错的谜题……”

“火地岛，这个地方却在靠近南极（polo）[①]的南美底端。”

“波罗？你必须讲讲这人，他也许是我的亲戚……”

“别捣乱……如果那里冷成狗[②]，那为什么要起名叫‘火地岛’？你再听听这个：他们跟我说，勃朗峰[③]之所以叫这个名字是因为山顶总是盖着白雪。”

“我觉得很有逻辑。”

“逻辑？哈哈！那么罗莎峰[④]的顶上都是玫瑰色的雪吗？芭比娃娃在那里玩造雪机？还是有个娘娘腔雪山野人干的？”

---

① polo，极地，与马可·波罗的姓氏相同。

② 冷成狗（fa un freddo cane），意大利俗语，表示天气极冷。

③ 勃朗峰（il Monte Bianco），意语中意为“白山”。

④ 罗莎峰（il Monte Rosa），意语中意为“玫瑰峰”。

“我必须承认，很多地名的确不同寻常。比如我到达复活节岛的时候适逢圣诞节。那种在错误的时间到达了正确的地点的感觉真是奇妙。”

“我也有同感！我在百慕大（Bermuda）①群岛的时候穿了条长裤！所有的人都盯着我看……”

“这真是太好笑了！我有一次对一位贵族说我不喜欢水果……谁知道他是马其顿（Macedonia）②大使！”

“你知道吗，我小时候一直以为吃一个圣餐面饼③能抵在家吃两个饼那么饱呢！就跟欧足联规定的客场进球一样。”

我看了眼车窗外，意识到这场旅程在不知不觉中已经到达了目的地。

“马可，我们到了。”

---

① Bermuda（百慕大），另有宽松短裤的含义。

② Macedonia（马其顿），在意语中另有“水果杯”的含义。

③ 天主教圣餐包括未发酵的圆形小饼（圣餐面饼）和葡萄酒，由神职人员向参与仪式的信徒发放。

“那么，希望我们很快能重逢，我想听你解释关于球衣和足球的故事，因为在中国并没有……”

“啊哈，看来他们并没有发明一切呀！下次我一定跟你多聊聊足球的故事。”

“我给你再讲讲地理……”

“不，不！千万不要！我已经听够啦！”

“你想到没有？你不喜欢地理学，是因为球员更想要被写进历史呀。”

“看呀，你这话说得太对了！马可你太棒了！让我们在费米齐诺再见！”

关于地理学的笔记

贝拉利亚（Bellaria）[①]：亚得里亚海沿岸的一个城市，那里不允许吃豆子。

贝尔加莫人（Bergamaschi）[②]：贝尔加莫的男性居民。

复活节岛（Isola di Pasqua）[③]：仔细想想还是挺奇怪的，当地土著也许觉得是圣诞节岛呢。

匈牙利（L’Ungheria）：东欧最长的国家[④]。

---

① Bellaria拆分为bell美好的+aria空气。吃豆子通常会造成肠道胀气。

② Bergamaschi，“贝尔加莫人”的复数形式。拆分为Berga-maschi，与“男性”（复数形式）maschi部分近似。

③ 复活节岛是南太平洋中的一个岛屿，得名于荷兰人登陆时恰逢复活节。

④ 意大利语中“长的”luogo与匈牙利的部分拼写近似。

帕洛阿尔托（Palo Alto）①：那个永远进不了球的城市。

半岛（Penisola）②：鸡鸡形状的岛。

布拉格（Praga）：欧洲某国家的首都，雄伟美丽，但是也令人忧伤，因为居民都是盲人③。

罗马（Roma）：条条大路通罗马，除了那条米兰——热那亚公路。那条路一个方向通到米兰，另一个方向通到热那亚。

威尼斯（Venezia）：我对来龙去脉不是很清楚，听说建造威尼斯好像是为了填平那个潟湖……

文托泰内（Ventotene）④：我是十八岁多才去那里的。

---

① 帕洛阿尔托是美国加州的一个城市。Palo Alto在意大利语中可理解为“射门高出横梁”。

② 意大利语中男性生殖器pene，复数peni，与半岛的部分拼写近似。

③ 布拉格是捷克共和国首都。捷克ceco与盲人cieco拼写及读音近似。

④ 文托泰内是拉齐奥大区的一个小镇，名称与venttene（二十来岁）拼写近似。

第七章

托蒂与 E.T.

美国明星都到电影城来拍片的时代已经结束了。

当年曾经星光熠熠啊：比如那个美国男星格利高里·派克，

名气大得连特伦蒂诺大区的熏火腿都以他命名呢。

还有那对著名的格兰特兄弟：加里·格兰特和酒鬼格伦·格兰特。

E.T.是英语“外星生物”的缩写，源自美国导演史蒂文·斯皮尔伯格在1982年执导的著名科幻影片《外星人E.T.》。故事讲述了男孩埃利奥特与被困在地球的外星人之间的故事，其中埃利奥特骑着自行车腾飞而起等多个镜头成为电影史上的经典场景。

我刚完成了一个挺艰难的任务：把一位乘客送到公元前四世纪的夸迪乔洛[1]。还没好好喘口气呢，出租车调度台立刻又派给我一个新目的地。

我把电台调了调："乘客在电影城（Cinecittà）[2]等候。祝你度过美好的一天！赶紧！赶紧！"

在给这个调度员编了一串足以令我受停运七天、吊销牌照之类处罚的恶毒绰号之后，我还是不情不愿地向电影城驶去。

会是什么样的乘客呢？

---

① 夸迪乔洛（Quarticciolo），罗马近郊。

② 罗马城内的大型电影电视摄制基地，建有众多历史布景，是意大利电影全盛时期大部分影片的拍摄地。不少美国电影也在此拍摄，如《教父》《英国病人》《纽约黑帮》等。

希望是个大明星吧，虽说现在电影城那边已经很少有巨星出现了。

美国明星到电影城来拍片的时代已经结束了。当年曾经星光熠熠啊：比如那个美国男星格利高里·派克，名气大得连特伦蒂诺大区的熏火腿（Gregory Speck）[①]都以他命名呢。还有那对著名的格兰特兄弟：加里·格兰特[②]和酒鬼格伦·格兰特[③]。

如果是在多年前，从电影城叫车的很可能是某位美艳的美国明星，她可能刚拍完一部《宾虚》（*Ben Hur*）级别的巨作，需要我开车载她到位于近郊的某栋别墅。

但是现在，电影城已经不一样了：你接到的乘客可能是刚被

---

① Gregory Speck，格利高里·派克（Gregory Peck）之误。派克是美国著名影星，曾主演《罗马假日》《杀死一只知更鸟》等影片。Speck是一种产于意大利北部特伦蒂诺–上阿迪杰大区的肥瘦相间的熏火腿，名称源于德语中的“猪油”一词。

② 加里·格兰特（Cary Grant）是美国著名影星，位列美国电影学会评出的百年百大明星的第二位。

③ 格伦·格兰特（Glen Grant），一个著名的苏格兰威士忌品牌。

真人秀《老大哥》海选淘汰的路人，或者是哪个广告片的龙套，也许是刚从桑多罗（Santoro）的谈话节目出来的某个政客。

其实还是很少遇到政客叫出租车的，政府的蓝车就是专门伺候那些人的。老天啊，你们知道意大利有多少蓝车吗？我在网上看到说，有7.2万辆！它们几乎都在罗马转悠，你一转身就能碰上一辆。知道英国有多少辆吗？才195辆！我真是无言以对，这是多严重的浪费啊。政府说要彻底解决掉蓝车过多的问题，我来告诉你他们是怎么做的哦：把蓝车都漆成灰车！①

好啦，不谈这些争议话题了，我得找到我的乘客。我已经开到距离基地大门不远的地方了。我很确定那将是位女乘客。

她会是什么样子的呢？

金发碧眼，风姿绰约如玛丽莲·梦露？

有着诱人红发的丽塔·海华斯型的美人？

还是成熟优雅如奥黛丽·赫本的黑发丽人？

---

① 意大利各级政府所使用的公务车辆以尺寸及颜色区分，车长1600厘米以上的称为蓝车（auto blu），不足1600厘米的称为灰车（auto grigio）。意大利政府的公车改革是用小车型灰车逐步替代大车型蓝车。

然而，我立刻被拉回了现实：没有黑发、金发或者棕发的美人。打着手势拦车的这位……是一个非自然生物：两只巨大的蓝色眼睛，秃头，绿皮肤，不成比例的细胳膊。这位正在上车的乘客是个小矮人。

在所有的电影人物中，我居然遇到了E.T.?

"E.T.！真是太荣幸了。你知道我把你的电影看了上千遍吗？只要有电视台重播，我是一定不会错过的。我俩的姓名缩写都差不多呢。如果我的爹妈给我起名叫伊克斯德拉（Extra）而不是弗朗切斯科（Francesco），那我也就是E.T.了嘛。那么，我们去哪里？"

"滋滋，吱吱吱。"

"啊，棒极了，圣洛伦佐[1]那里。门牌号多少？"

"卟滋滋，卟，滋滋！"

---

① 圣洛伦佐是紧靠罗马中心火车站的一条大路。托蒂以为E.T.是在模仿火车的声音。

“我听不懂你在说什么。你的口音太奇怪了。你是不是维泰博人？我在学校里只学过一点点维泰博话，我的数学倒是不错。因为记选票我还学会了二进制系统：0、1、0、0、1、1……好啦，你能重复一下门牌号吗？刚才那句实在是没听懂。”

“啵吱吱，扑哧，咯咳咳。”

这位古怪的人物非常讨人喜欢，但是他的口音跟加图索[①]在中场的爆铲似的，实在是又硬又难以理解。我得尽全力帮助这个小小的外星人，不能就让他这样在郊区迷路了。这附近根本没有公共汽车，所以才有人在这里叫出租车。

我不知道该怎么做。虽然我在国际交流上颇有水准，但眼前的情况令我手足无措。想当年在欧洲杯的赛场上，只要我一开口说英语，裁判们都会把头硬生生转过去，假装没听见我在说话……

但是此时此地，我与这个E.T.之间需要进行的是星际级别

---

① 加图索（Gattuso），前AC米兰队的球员，司职后腰，以硬朗的风格著称。

的交流，绝地武士级别的交流，达到天空体育台卢克水准的交流[1]。那位迷你乘客还在对我发出吱吱嘎嘎的喉音，就像在念布拉格斯拉维亚队（Slavia Praga）[2]的整套首发名单一样。

突然我灵光一现！我的大脑完成了一次精彩绝伦的倒钩射门！我掏出了手机指给外星人看。

“E.T.，看这个。这是手机，手——机——。你用手指在键盘上把门牌号点给我看。”

“呃嘛呲！！！”

“你朝我发这怪叫干吗？用手指呀！”

外星朋友小心翼翼地靠了过来，用他那长而多节的手指点了一下键盘。不可思议！他的指尖突然发出了亮光！这个奇迹令我目瞪口呆：我有一支能让手指发光的超级手机！这一定是什么最新的手机应用。

---

① 绝地武士Jedi、天行者卢克Luke Skywalker（误为Skysport，天空体育台）均为科幻电影《星球大战》（*Star Wars*）中的人物。

② Slavia Praga，捷克球队。斯拉夫语的人名通常较长且辅音多。

至少E.T.终于步上正轨了，我必须再接再厉。

“手机！跟我重复一遍……”

“搜齐……索系……手机！”

“哦，太好了。你看，只要坚持一下，你还是能行的吧？好了，现在把你家的门牌号指给我看，明白吗？你家的门牌号，你——家——”

“家，手机，家。”

“门牌号。”

“手机，家。”

“不是，告诉我门牌号。”

“手机，家。”

没办法，我费尽了力气，那个外星人仍然眨着蓝色的大眼睛，面色凝重地不停地重复着“手机，家；手机，家”……哎，这样子下去，他是哪里都去不了的啊。

几小时就这么耗过去了，天色早就暗了下去，罗马的天空中挂着一轮又大又胖的满月。我不知道该怎么解决这个难题，但也不能就这么扔下这位小朋友。正在这时，前面的弯道出现了一个骑着自行车的男孩。好极了，我可以找他帮个忙。他停了下来，看上去很能干的样子。他叫埃利奥特（Elliott）①，与唱那首《紧张故事》（*Le Storie Tese*）②的歌手同名。

我彬彬有礼地询问埃利奥特能否陪伴我们的外星朋友。毕竟小孩子们最善于理解并和各种不同的人打交道了。

我向E.T.告别，将他留给了埃利奥特和他的自行车。我对小男孩说："你想个办法吧，他看上去很着急。"而小孩回答说："飞吧！"

我于是回到我的工作中去了。

在这个满月之夜，谁知道还会发生些什么呢。

---

① Elliott，埃利奥特是E.T.电影中的男主角。

② *Le Storie Tese*，一首近年的意大利语歌曲。

关于电影的笔记

场记板（Ciak）：表示一段场景开始的板子。下雨的时候叫作“可立克可立克”。[①]

摄影机（Cinepresa）[②]：在电影院用来给手机充电的电源连接。

爱情电影（Film Romantico）[③]：一类专门讲述凯撒大帝那个时代之前的电影，比如《宾虚》《角斗士》。

---

① Ciak，场记板是电影拍摄中的一种道具，在板上标记当前拍摄场景及次数，开拍前挡在镜头前方，合上上方横板发出“可立克”的脆响，表示这一幕的正式开拍。《可立克可立克》（*Ciak Ciak*），一首意大利歌曲，ciak表示雨声。

② cinepresa拆分为cine（电影）+presa（电源插座）。

③ Romantico，浪漫的，罗曼史的；Romano，罗马的，罗马人的。

卢米埃兄弟（Fratelli Lumiere）：电影之父。他们顺手还发明了爆米花。

侦探悬疑剧（Giallo）[1]：关于犯罪和谋杀的电影。如果谁连续看两场，会被赶出电影院。

美式取景（Piano Americano）：布莱德利开车的方式[2]。

奥斯卡奖（Premi Oscar）：我花了好几个小时在键盘上也没找到“奥斯卡”键在哪里[3]。

重拍（Ripresa）：电影院里另一个用来给另一个手机充电的插座[4]。

拍摄现场（Set）[5]：拍摄电影场景的地方。在比赛里叫作“盘”。

---

① Giallo，侦探悬疑剧或小说，黄颜色，同时也表示足球场上的黄牌。

② Piano Americano，有“美国方法”的字面含义；布莱德利（Bradley）是曾在罗马效力的美国球员。

③ premi（premio“奖项”复数形式）在意大利语中是动词premere（按）的命令式。Premi Oscar被误解为“按‘奥斯卡’键”。

④ 参见Cinepresa（即上页脚注②）。

⑤ Set，一些体育比赛的术语，如网球比赛中的“一盘”。

特吕弗（Truffaut）[1]：法国导演，有时会盯着一个人拍个不停。

《乱世佳人》（*Via Col Vento*）[2]：刮西风时的图斯考拉那街。

---

① 弗朗索瓦·特吕弗，法国电影新浪潮代表之一，擅用长镜头。

② 《乱世佳人》原名为“随风而逝”，意大利语中也可字面理解为“有风的街道”。

第八章

托蒂与克里斯托弗·哥伦布

“我是克里斯托弗·哥伦布。航海家（il navigatore）。”

“呃，我的车上已经有一个导航仪了。

有时我不得不把它关掉。那个声音整天停不下来

——‘向右转’‘向左转’‘当心正在过马路的老太太’

——简直是场折磨。”

克里斯托弗·哥伦布（Cristoforo Colombo，1451年10月31日—1506年5月20日），出生于热那亚共和国。他是当时著名的航海家，在西班牙君主的赞助下，以寻访出产香料的东印度群岛为目标，于1492年至1502年四次横渡大西洋，并成功到达美洲。

在罗马街头上上下下奔波了一阵之后，我正需要休息一会儿。

我打开车窗让那甜美清新的微风吹进车厢，座位也调低一点儿，找到令我感觉最舒适的角度。终于有时间献给我最热爱的读物——《车身光亮喷雾的使用指南》了。

但是，正当我看到喷雾使用前是否需要摇匀的悬念部分时，出租车调度频道毁了这美妙的时刻，对讲机里突然传出了尖锐刺耳的声音。

“罗马10号，罗马10号，大西洋街有一位乘客叫车。请接听，赶快！”

真讨厌啊，毁了我的好时光。我悻悻地把书签放在喷罐上，只能另找时间来完成这次阅读了。

但是大西洋街？那是在罗马城的另一头了，游过来也比从这儿叫出租车快呢。让我们用耐心武装自己，去面对这段漫长的路程吧。

这段路程虽长，但好在经过市中心。我可以借机欣赏一遍世界上最美丽的古迹：献给最强大的皇帝的图拉真柱；最忧心忡忡的领导者——恺撒大帝留下的议会遗址；君士坦丁凯旋门，献给真人秀男星中体毛剃得最光溜的那位①。

一重又一重凝结着历史的美景，终于，我到达了乘客指定的地点。看见他了，站在那里如同一尊大理石雕像般轩昂挺拔。慢着……让我看看清楚，啊哈，那还真是座雕像。乘客在它背后呢。

“日安，我是弗朗切斯科·托蒂，你的出租车司机。”

“我是克里斯托弗·哥伦布。航海家（il navigatore）②。”

---

① 指从电视真人秀节目出名的意大利男星君士坦丁·维塔利亚诺（Costantino Vitagliano）。

② il navigatore，航海家。也有导航仪的意思。

“呃，我的车上已经有一个导航仪了。有时我不得不把它关掉。那个声音整天停不下来——‘向右转’‘向左转’‘当心正在过马路的老太太’——简直是场折磨。”

“是吗？”

“我们是不是见过？上个月我开车送你去拉迪斯波利①。”

“我从没去过拉迪斯波利。”

“那是不是奥斯提亚②？”

“我从没去过奥斯提亚。”

一个把航海当生计的人，从来没去过拉迪斯波利和奥斯提亚……这简直跟一个F1赛车手没有去过马拉内洛③一样，如同一个牙医没在特拉帕尼④发过财。反正我的出租车经常接到奇

① 拉迪斯波利（Ladispoli），罗马附近的海边小镇。

② 奥斯提亚（Ostia），罗马附近的海边小镇。

③ 马拉内洛（Maraneolo），法拉利的总部所在地。

④ 特拉帕尼（Trapani）是西西里岛上的一个自治省。这里暗讽西西里黑手党之间争斗打斗多，牙医能靠在那里治疗被打掉的牙齿而挣钱。

怪的乘客。

“我要去印度大街，谢谢。”哥伦布说。

“好极了，印度大街离这里非常近，只要走直线五百米就到了。”

“不不不，我不想走直线。”

“但印度大街就在那里，一会儿就能到。”

“不，绝不走直路。我把地图研究得非常透彻，我们必须绕一大圈。”

“哦，如果你已经看过地图了，我们就沿着你说的路线走吧。我先开上公路。”

虽然说顾客永远掌握着真理，但是今天这位简直是个疯子。为了去五百米之外的地方，先把罗马城所有环路都绕一遍？我问你，如果你在街上遇到朋友是怎么打招呼的？亲吻他一边的脸颊，然后从他身后绕过一圈，再去亲另一边？这种人在意大利铁定是寸步难行的啊。

正如我预料的，在公路上绕圈得用掉很长的时间，经过一个又一个出口。我倒是能利用这段时间好好认识一下这位坐上我宝贝小车的古怪人物。他看上去不爱说话，长相也不怎么招人喜欢，要不还是我主动一点儿……

"你来罗马做什么好差事？度假？"

"我来找寻一些快帆船（caravella）用以出海。"

"呃，我给你一个我小时候得到的建议吧：不要接受陌生人给的蜂蜜（caravolla）[1]。很危险哦。"

"我必须从海上到达印度。"

"你真是不太正常。你为什么不划赛艇去米兰呢？或者骑自行车去美国呀？"

"美国？"

"那是一个取得了不少人类最重大成就的国家，比如爆米

① caravella指十五六世纪葡萄牙及西班牙人航行使用的快速帆船，在意大利语方言中指一种蜂蜜。

花啊，汉堡包，热狗，炸薯条……惨了，说着我就饿了。你有什么能塞两口的东西吗？”

“不，我没有。啊，稍等，我的口袋里似乎有个煮鸡蛋。”

这位航海家倒是非常慷慨，他把自己的俭朴的口粮送给了我。我接过鸡蛋，但是没有办法握着它开车。我试着把它放在仪表盘上，但它马上滚走了。在副驾驶座上也放不稳，它立刻就掉到了地上。这时我灵光一闪：把鸡蛋一头的蛋壳轻轻敲碎，然后它就稳稳当当地站住了。我真是个天才！从此刻起，当任何人成功地把一只鸡蛋竖起来时，他们会这么说：“这就是托蒂的鸡蛋[①]！”

---

① 哥伦布竖鸡蛋（l'uovo di Colombo）的民间故事：哥伦布发现新大陆之后受到了王室的嘉奖，有人讥讽他不过是运气好，既然美洲是客观存在的，那么任何人带领船队都能发现它。哥伦布提议，谁能将带壳的熟鸡蛋竖立在桌上则为赢家。在所有人都失败了之后，哥伦布把鸡蛋一头敲碎，成功地竖起了鸡蛋，并反驳抗议的人：“既然敲碎蛋壳是那么简单明了的事，为什么你们都想不到呢？”

关于旅行的笔记

阿波罗11号（Apollo 11）[①]：阿佩勒11号的爸爸，月球版。

环航（Circumnavigare）[②]：与奥菲伊马戏团一起乘坐游轮。

护卫舰（Fregata）[③]：从敌方逃走的船。

加加林（Gagarin）：苏联航天员。他的妻子就是那位怪

---

① 阿波罗11号（Apollo 11）是第一架登陆月球的人造飞行器。阿佩勒11号（Apelle 11）是一种刮布机的型号。罗马有个广为流传的顺口溜，将阿佩勒编为太阳神阿波罗之子。托蒂在他前一部书《俺给你介绍罗马》中对这个顺口溜做了详细的讲解。

② Circumnavigare拆分成circum（近circo，马戏团）+navigare（航行、旅行）。

③ fregata的动词原形fregare有逃跑、溜走的含义。

诞的Lady Gagarin[①]。

穿越西伯利亚（Transiberiana）：斯韦特兰娜，变性前叫谢尔盖[②]。

达·伽马（Vasco da Gama）[③]：全帆前进的航海家。

---

① 指Lady Gaga（美国一位著名流行女歌星）。

② Transiberiana拆为trans（变性人的简称）+siberiana（西伯利亚女人）。斯韦特兰娜（Svetlana）为俄罗斯女名，谢尔盖（Sergeij）为俄罗斯男名。

③ 达·伽马是葡萄牙航海家，他为欧洲开通了绕好望角驶向印度的航线。

第九章

托蒂与威廉·莎士比亚

“你是拉波·埃尔坎恩吧，对不对？”

“不，我是威廉·莎士比亚。”

“啊哈，的确，你穿得这么素净，怎么可能是拉波呢。我们去哪儿？”

威廉·莎士比亚（William Shakespeare，1564年—1616年）。英国文学史上最杰出的剧作家，也是世界文学史上的巨人。他的戏剧、十四行诗及其他作品被全世界读者熟知，其中最著名的戏剧有《李尔王》《奥赛罗》《哈姆雷特》《罗密欧与朱丽叶》《驯悍记》《威尼斯商人》《麦克白》和《仲夏夜之梦》等。

每当我开着出租车行驶在罗马街头，我总是忍不住感慨：能出生并生活在这座壮美的城市是种多么大的特权啊。

当然，意大利还有很多美丽的城市，比如威尼斯、佛罗伦萨、亚特兰大。但罗马另有一份由全人类赋予的魅力，源自数千年人类史的美。

罗马城的每一座古迹都在诉说着只属于它的故事。我看到圣彼得大教堂，想起了教廷的无处不在；我看到帝国议会广场的遗址，想起了罗马帝国的伟大；当我看到特雷维喷泉……该死！我这个笨蛋怎么把车开到仅限步行的区域来了！

我试着找条小路偷偷溜走，但是被一群日本游客堵住了去路。我的老天，这是有多少人啊！得有上百个吧，堪比国际米兰的替补席呀。其中有一个人突然指着我，然后回头对同伴们说着什么。

我还是懂一点儿日语的，比如在饭店里点菜时，你要吃生鱼就说“苏西”，想要乳牛肠意面[①]就说“阿里嘎多”，非常简单。但是那个日本人说的话我半点儿都听不懂，肯定是从乔恰里亚[②]来的日本人。突然之间，那些游客大喊着朝我冲过来，手里还都挥舞着照相机。

我顿时被这群来自日本的朋友们热情地包围了。他们不顾一切地想要使这一刻成为永远。于是我下车并开始与他们——握手，签名，互相鞠躬。我真的非常高兴而且骄傲，能代表罗马而被世界所熟知，这真是我的无上荣耀。

当我终于挥手送别这群朋友的时候，一个游客跑回来，用十分生涩的意大利语怯生生地说：“你在日本非常非常有名，你是最受欢迎的意大利人。非常感谢你，托托·库图尼奥[③]！”

---

① 乳牛肠意面（la pajata）是罗马当地特色菜，用番茄等辅料烹煮的乳牛肠，配条纹笔管面。阿里嘎多（a rigatò）是日语中的“谢谢”。

② 乔恰里亚为罗马所在的拉齐奥大区的部分区域在历史上的泛称，没有明确的行政区划。当地的方言口音与周围地区差别较大。

③ 托托·库图尼奥（Toto Cutugno），出生于1943年的著名意大利歌手、曲作家、电视节目主持人，从二十世纪六十年代活跃至今。

什么托托·库图尼奥！我就知道日本人都是怪人！我还没有从这场误会中恢复过来，突然感到有人拍了拍我的肩膀，是一位交通警察。

“你知道这里是步行区吗？这种违规至少要罚款一百欧元。”

“呃，我知道。我当时被分散了注意力……”

“慢着，天哪……您是？能遇见您真是太荣幸了。我是您长久以来的粉丝，我的孩子们也非常热爱您。这样吧，您给我签个名。这事我们就睁一只眼闭一只眼，不追究了。”

虽然我知道这样做并不正确，但还是给他签了名，然后上车打算调头离开。交警向我挥手告别：“再会，但是下次请您注意力集中些呀，库图尼奥先生！”

这位交警先生真是比日本人更古怪！

这一天就如此糟糕地开始了。但是幸好在我喃喃自语的时候，有一位非常体面的先生扬手招车，我迅速打起精神请他上车。通过后视镜我打量着这位乘客，细看起来他的打扮有点儿怪异：非常紧身的长裤，绣锦长袍上罩着斗篷，巨大的白色轮状硬领，帽子上还插着一支鸵鸟羽毛。敢穿成这样上街的人，除了……

“你是拉波·埃尔坎恩[①]吧，对不对？”

“不，我是威廉·莎士比亚。”

“啊哈，的确，你穿得这么素净，怎么可能是拉波呢。我们去哪儿？”

“去剧院。”

“我们从国家大道还是加富尔路走？这是个哈姆雷特[②]式的问题。”

“哈姆雷特式？”莎士比亚略带惊奇地问。

“是啊，哈姆雷特式的，就是我一个住美德罗尼亚门（Porta Metronia）的朋友经常做的事，他叫哈姆雷特·切

---

① 拉波·埃尔坎恩，尤文阿涅利家族的成员之一，现在菲亚特集团管理层任职。他也是著名的花花公子，经常以前卫打扮出现在各个社交场合。

② 哈姆雷特是莎士比亚戏剧《哈姆雷特》中的主角，“生存还是死亡，这是一个问题”是剧中的名句。

卡罗尼。他是个怪家伙，再小的事他都拿不定主意。某天他的公交月卡到期了，他站在那里无法决定是否要去续费——‘续还是不续，这是个问题。’你应该见见他，这家伙很有名。他和我的另一个朋友里卡多一起参加了罗马-奥斯提亚半程马拉松。哈姆雷特得了冠军。”

“里卡多呢？”

“他是第三名。”

每次遇到外国乘客，我都会尽力用各种有趣的轶事来“招待”他们，这是身为一名罗马出租车司机的职责。我向他们讲了很多罗马人多姿多彩的故事，不论是优点还是缺点，都充满了真实的人性。比如奥赛罗·巴兹科尼①的故事。

“我从没见过他那么爱吃醋的人啊。”我摇着头说。

“啊，是吗？”

① 奥赛罗是莎士比亚同名悲剧《奥赛罗》中的男主人公，认定妻子对其不忠后将她掐死，得知真相后自杀身亡。

“非常不可思议。每次他老婆收到短信，他都要追着问：‘你收到条短信，是谁发的？’”

“如果他拥有一位极其迷人的妻子，的确时刻都要忍受嫉妒心的拷打。”

“迷人？她胖得都跨时区了，根本没法用体重秤来称分量。”

我的乘客显得对这些故事非常感兴趣，毕竟只有罗马城才能呈现如此缤纷的人性。他继续向我打听各种奇闻异事，我脑子里的存货可是非常充足的。如果某天我有时间，可能会写几个剧本给你们看看呢。

我在脑海中搜刮着，决定给他讲托尔·皮涅塔拉[①]那对网恋小情侣的故事。小伙子的网名叫“罗密欧93”，姑娘叫“清纯朱丽叶”，但是他们的爱遭到了双方家庭的极力阻挠。[②]

“哦，可怜的孩子们。但是他们的家庭为何互相憎恶？”

---

① 托尔·皮涅塔拉（Tor Pignattara），罗马市内的地名。

② 罗密欧和朱丽叶是莎士比亚悲剧《罗密欧与朱丽叶》中的主人公，因分属于敌对的家族，两人的恋情被各方阻挠，最终双双身亡。

“一家人是罗马球迷，另一家是拉齐奥球迷。”

“这是很严重的问题吗？”

“简直是场惨剧啊，威利[①]！”

“那么最后的结局如何？”

“糟透了，简直是最糟糕的结局。”

“他们死了吗？”

“不不不，他们俩把脸书的账号都删了。”

威廉·莎士比亚听得心醉神迷，几乎合不上嘴。我很确定这段罗马城里的出租车之旅会令他终生难忘。

我们到达了剧院门口，据说今晚的剧目是一个年轻英国剧作家的处子秀。我的乘客打开了车门，在下车之前他用一番美妙而动情的辞藻表达了他的心意：

“这场罗马之旅将永刻我心，它会是我所珍藏的最美的记

① 威利，威廉的昵称。

忆。发现这座城市，感受她的庄严宏伟，聆听她的故事，捕捉她的精髓，这让我感受到了她的灵魂是多么的真实而独特。而且，这一路有你相伴，一位如此重要的人物。不是所有人都能有幸在托托·库图尼奥的陪同下游览罗马的啊！”

关于戏剧的笔记

《等待戈多》(*Aspettando Godot*)[①]：希望他在八点前能到啊。

《卡巴莱》(*Cabaret*)[②]：如果用来装甜点的话，一会儿就吃光了。

达里奥·福(Dario Fo)[③]：剧作大师。也是造型大师达

---

① 法国剧作家塞缪尔·贝克特的《等待戈多》是二十世纪的荒诞派戏剧的代表作。剧名常被用来表达“徒劳、漫长且无奈的等待”等含义。

② cabaret在方言中是小碟子的意思。而《卡巴莱》是一出著名的百老汇音乐剧，讲述在纳粹崛起中的柏林，一个在卡巴莱式餐厅中表演歌舞的英国女孩与一个年轻美国作家之间的故事。

③ 达里奥·福(Dario Fo)是意大利著名剧作家、导演、作家、画家、演员及社会活动家，1997年诺贝尔文学奖获得者。

里奥·方（Dario Fon）的表亲。

剧作家（Drammaturgo）①：发生在伊斯坦布尔的戏剧。

欧里庇德斯（Euripide）②：通向欧洲的上坡路。

米兰小剧院（Il Piccolo di Milano）③：他主持了好多届政府。

哑剧（Mimo）：受我在学校里回答提问的样子的启发，诞生的一种表演形式：不出声。

舞台剧（Messa in Scena）④：通常由一位兼职演员的牧师来主礼。

---

① Drammaturgo本意为剧作家，这里将Drammaturgo拆成Dramma（戏剧）和turgo（turco，土耳其的），土耳其戏剧。喻指2005年在伊斯坦布尔举行的欧冠决赛中，AC米兰队在上半场3∶0领先的情况下，被利物浦队扳平，最终在点球大战中落败的著名足坛悲喜剧。

② Euripide拆为Eur（o）（欧洲）+ripide（陡坡）。欧里庇德斯为古希腊悲剧大师（公元前480年—前406年）。

③ 直译为“米兰城的小个子”，暗指曾多次担任意大利总理的AC米兰主席贝卢斯科尼。米兰小剧院是建于1947年的一座公立剧院。

④ 直译为“场景中的弥撒”。

幕布（Quinte）：站在幕后热得出汗，站在幕前紧张得出冷汗。

拉斯卡拉（Scala）歌剧院：扑克剧院、葫芦剧院之后，第三重要的同花顺剧院[1]。

---

① 扑克（Poker）、葫芦（Full，指一组三张同点和一组两张同点的组合牌）、同花顺（Scala，指连号且同花色的组合牌）均为纸牌用语。拉斯卡拉歌剧院（La Scala di Milano）是米兰最负盛名的国家剧院。

第十章

托蒂与教皇弗朗切斯科

“再见，教皇。啊，还有最后一件事。
当大家讨论到十诫的第七条，‘不可偷窃’，
你能不能做些什么，就是关于那支穿黑白竖条球衣的球队……
那个……我这只是个建议……我可什么都没说。
回头见，弗朗切！”

教皇弗朗切斯科（Papa Francesco）：现任天主教教宗方济各，1936年生，本名豪尔赫·马里奥·贝戈利奥（Jorge Mario Bergoglio），意大利裔阿根廷人，于2013年3月13日当选教宗。他也是阿根廷联赛的圣洛伦佐球队的知名球迷。

对职业球员来说，周一通常是我们的休息日。对我来说，则是值得好好利用的一天：我又有时间开着那辆红黄配色的四门小车，在罗马的街道上度过轻松的一天了。

可惜天空突然下起了雨。雨幕下的罗马街头要比平时空荡很多，行人往往连出租车都拦不到。不过出租车嘛……还有我这辆呢！

出租车调度频道突然响起呼叫："罗马10号！罗马10号！皮奥·博戈（Borgo Pio）[①]有人叫车，安吉莉卡门（Angelica）的那个街角。罗马10号！罗马10号请回答！"

我的妈呀，这……简直比我在比赛中停下来整理球袜时教练的吼声更惊人！镇静，镇静！老话怎么说来着："镇静是托

---

① 皮奥·博戈位于梵蒂冈城内。

蒂的美德。”

我立刻回答：“收到，调度中心。我去接……我已经在圣彼得教堂附近了。”

调度中心急促地传来指令：“顾客的车发生故障，紧急用车……紧急用车……”

我胸有成竹地说：“三分钟后到达。”

在圣彼得教堂一带兜风是多么美妙的事啊！我忍不住提醒自己，能生活在这个城市又是何其的幸运。我想到的不仅仅是罗马城的美，更因为她的独一无二：我们的城市环抱着一个完整的国家，梵蒂冈——这个世界上最小的国家。

当我和马可·波罗聊天的时候（注：见第六章），我承认我不喜欢地理学。因为我记不住国境，记不住哪个国家挨着哪个国家。但是我能说出梵蒂冈的地理位置。

梵蒂冈，她的北面与罗马接壤，她的南边与罗马接壤，她的东边与罗马接壤，她的西边也跟罗马接壤。我说得对不对！东南西北我都知道得一清二楚。

很快我就到达了安吉莉卡门，这里是梵蒂冈的边境。这里跟咱意大利的边境差不多一样。我们的边境通常有一个岗亭，一根横杆，站着两个穿着制服、腰间别着枪套的警察。这儿也是一个岗亭，一根横杆，站着两个瑞士近卫军[①]，手里还拄着一根战戟。

发生故障的车是一辆蓝色福特福克斯，车边有位先生朝我点了点头。我并没有看清他的样子。他撑着雨伞，而我的车窗上挂满了雨滴。我没有下车，甚至没打开车门，他突然已经上车了。他也没有像通常的乘客一样坐在后排座位，而是出现在我的副驾驶座上。他对我说："去圣玛丽大教堂。嘘！不要告诉任何人。"

这句话重重地击中了我的肚子，感觉如同当年我在人墙里被罗伯托·卡洛斯（Roberto Carlos）[②]的大力任意球击中一

① 瑞士近卫军由瑞士籍天主教男性组成，负责保卫教宗及梵蒂冈国土的安全，制服样式为红黄蓝竖条纹的宽袍。

② 前巴西足球名将，曾效力于意甲国际米兰、西甲皇家马德里等数家豪门。角度刁钻且势大力沉的任意球重炮是他的拿手好戏。

样。惊异，沮丧，激动，种种情绪混杂成一团。听到这个介于马拉多纳和老鼠吉乔[①]之间的口音，我立刻意识到，身边的这位将是我能遇到的最重要的顾客。

“啊呀！看我这是遇到谁了！教皇！”

“教皇什么教皇！叫我弗朗切斯科！我跟你有着一样的名字。我认识你，你是托蒂！我可是个球迷呢。”

“天哪！教皇坐在我的出租车里。我这是有多幸运！”

“呃，也是……我能理解，这不是件会经常发生的事。”

“经常？几乎不会发生啊！弗朗切[②]，这可是死一回都不见得能……呃，不不，对不住，我这个比方打得不合适。但是我得让大家都知道这件事，我们用手机拍张合影行不？”

“没问题。但是你专心开车，我拿我的手机来拍。”

“我不是不放心你，不过你确定把咱俩都拍进去了？靠近

---

① 意大利二十世纪六十年代儿童剧中的角色，带西班牙语口音。马拉多纳和教皇都是阿根廷人，说意语时会有西语口音。

② 弗朗切斯科的昵称。

点儿，靠过来点儿……”

“来吧……笑一笑……好了！让我看看拍得怎样……哦哟，我没把你的脑袋拍全。”

“弗朗切，你可真行！把照片发给我吧。”

“怎么给你呢？通过Whatsapp①行吗？”

我忍不住赞叹道：“我的老天，你很新潮啊！随你方便就行，不管是Whatsapp，还是脸书。”

“我用Instagram②发在推特上吧，这样还能关注你的账号。”

我忍不住说：“啊哈，弗朗切……我跟你说件事，我不是吓唬你……你知道我的推特账号有多少粉丝？三万多呢。你说我算不算明星呢？”

“啧，我也不是想让你今天过得不痛快，不过我的账号有二百多万关注者。”

---

① Whatsapp是欧美常用的视频通讯软件。

② Instagram，移动端的图片社交软件。

“这真是迎面一击啊！不过呢，每月都会有两个周日，奥林匹克体育场里会有五万人追随我呢。”

“我有十万人！每个周末！就在我的住处楼下，我只要站在窗口就行。”①

“你赢了。我认输。总之，我太激动了。感觉整个世界倒过来了：通常都是别人来找我要合影，这次，是我找……”

教皇的声音突然变得紧张起来：“嗨！别说啦，你专心开车……你拿手机要干什么？”

“别紧张，弗朗切，我开车特别守规矩。耳机在这儿，语音拨号……我正在打电话给一个朋友。我要告诉他教皇在我车上呢。”

“哎，要不是我的福特坏得那么彻底……”

“喂？嗨，最近咋样？是的，我正开着出租车呢。你绝对猜不到我遇到谁了。我边上坐着……我让他接电话吧！”

教皇说：“可是，我……”

---

① 指每周日的奉告祈祷，教皇会在梵蒂冈的窗台上面对圣彼得广场上的教众。

“来吧，弗朗切。别不好意思呀！”

“喂……？日安，我是教皇[①]。弗朗切斯科教皇……祝您平安幸福。”

我看到弗朗切斯科教皇的表情突然变得很奇怪，他挂掉了电话并把手机交还给我。我很好奇我的朋友在电话里是如何回答的……

“怎么说？他说了啥？”

“他说：‘布尔迪索[②]，别装神弄鬼了。’然后挂了电话。”

“哎呀，我的天！我得给你道歉，弗朗切，他的消息不是很灵通……”

“哦？他不知道现任教皇是阿根廷人？”

“不，我是说，他不知道布尔迪索早给卖到热那亚去了。

---

① 原文为西班牙语。

② 布尔迪索是曾效力罗马队的阿根廷球员。

听我说，弗朗切……”

“请讲，弗朗切斯科……”

“我在城里见过一副墙上的涂鸦，你被画成了超人的样子：穿着斗篷，举着双手飞在天上……”

“是的，我见过那幅画。很令人喜爱，虽然后来被涂掉了，又画上了别的图案。超人教皇！这真是个不错的主意。既然肩负着如此多的责任，我是很愿意能有几种超能力的。”

“真不错，那我也就不用客气了。你有很多权力：你能命名圣人！你能宣布大赦[1]！所以我在想，大赦的范围包不包括禁赛处罚呢，比如德罗西……”

“托蒂！别胡闹！你这样向我提出要求，我如何能保持公平与公正呢……？而且大赦只能二十五年一次，我不能因为德罗西就宣布今年是特赦年吧！”

“好啦，我明白的。我只是情不自禁地流露出对罗马队的爱。”

---

① 大赦指对某一范围内的罪犯一律予以赦免的制度。

“啊，罗马，罗马……你可别忘了我是其他球队的球迷——圣洛伦佐，阿根廷的球队！”

“看来我们能在这一点上达成共识：当一个人爱上一支球队，是毫无办法的……这是一种伟大的爱，一种真正的爱。”

“你的这些话令我感到骄傲。你是个很好的天主教徒，是我认识的天主教徒（cristiano）中最好的之一。”

“之一？难道不是最好的吗？”

“当然不！我认识的最好的天主教徒当然是克里斯蒂亚诺·罗纳尔多（Cristiano Ronaldo）！当然，弗朗切斯科，你也很棒！有些话啊，你不能强迫我说出口。要知道我有时必须使用外交辞令，而你嘛……”

我不得不打断了教皇的话：“我们到目的地了，圣玛丽大教堂。弗朗切你为什么到这里来？你的日常突袭之一吗？给大家一个惊喜？”

“可以算吧。今天这里将举行一场关于十诫的研讨会，我想要听听他们的发言。再见，弗朗切斯科。很高兴认识你。”

“再见，教皇。啊，还有最后一件事。当大家讨论到十诫的第七条，‘不可偷窃’，你能不能做些什么，就是关于那支穿黑白竖条球衣的球队[①]……那个……我这只是个建议……我可什么都没说。回头见，弗朗切！”

① 穿黑白竖条球衣的球队指尤文图斯队。因电话门事件，尤文图斯队被敌对球队称为偷窃冠军的小偷。

关于宗教的笔记

创世（Creazione）：上帝在六天内创造了世界，第七天他休息了之后又重新再来了一遍。

上帝（DIo）：他无处不在，并且总是比你先到达。就像年轻时的皮埃德罗·维尔乔沃德（Pietro Vierchowod）[①]。

印度教（Induismo）：得有两个人才能实践的宗教[②]。

神迹（Miracoli）：最著名的神迹莫过于“五饼二鱼”，还有就是孔蒂头发的重生。[③]

---

① 昔日的意大利国脚，非常出色的后卫。

② 意大利语“印度教”的拼写中in-dui-被托蒂拆分理解为“以两个人的方式”。

③ “五饼二鱼”指耶稣曾以五块饼和两条鱼喂饱了五千信徒的神迹；曾任尤文图斯队及意大利国家队主帅的孔蒂在彻底脱发后做了非常浓密的植发。

比喻（Parabola）[①]：关于天空电视台的故事。

天堂（Paradiso）：对拉齐奥梅开二度的同义词。

教派（Sette）：非常多的宗教分支，肯定不止七种[②]。

三位一体（Trinità）：最有名的当然是圣父、圣子与圣灵。但是热尔维尼奥（Gervinho）-托蒂-利亚伊奇（Ljaji）[③]这条攻击线三人组也不错。

---

① Parabola指耶稣用来向教徒传达教义的比喻故事，不少是关于天堂的内容。天空电视台（Sky）是英国的电视集团，其中的体育频道覆盖了几乎所有足球重大赛事的直播。

② Sette是教派（Setta）的复数形式，在意大利语中也是数字七的意思。

③ 热尔维尼奥和利亚伊奇是曾效力罗马队的锋线球员。

第十一章

托蒂与……

快到日落时分了，柔和的西风吹拂着，霞光把天空染成了橙红色，而我正在等待那轮新月的出现。

我很有诗意吧！

这是一天中我最喜欢的时间，许多美好的回忆和无数动人的情绪经常在这时出现在我的脑海中。罗马城终于要回到春天的怀抱了，一种夹杂着快乐和怀旧的情绪涌到我的心头。我还是把它称为“快乐”吧。

我在思绪的迷宫中迷路了。

但熙熙攘攘的街道和喧闹的人声组成的交响乐很快就把我拉回到现实。我已经在市中心了，靠近双马塞利街（via dei Due Macelli）。但是我刚好看到一家生肉店，这条街改名叫三马塞利街[1]才对嘛。

① 马塞利（Macelli）为意大利常见姓氏，也是macello的复数形式；而macello除了作为男子名“马塞洛”外，原意为屠宰场或出售生肉的商店。

咦，似乎有些事情不对劲儿：街心的路面怎么突然出现了一个大坑，整条路都被封住了。我可不愿意原路返回那么长一段路，虽然有时不得不……

我猛然发现这个区域的路全都变得陌生了！但这是怎么发生的？难道时间倒流了？我什么都认不出来：这些街道，路边的商店。为什么连路牌都没有？周围的一切全都显得那么陈旧，过时。那些停着的汽车都是三十多年前的型号，几个行人的衣着也十分落伍。

我试着寻找能帮我一把的人。啊，终于走来一位留着长胡子的先生。他穿着件紫红和米色方格的衬衫，一条棕色和浅绿色条纹的裤子，还戴着一副巨大的镜面太阳镜。整个人好像刚和Lady Gaga的衣橱进行过一场亲密接触似的。他走到了离我只有几米远的地方，我赶紧摇下车窗向他打招呼。

“不好意思，这位先生，我想我一定是迷路了。您能告诉我这儿是什么地方吗？”

“我的天哪！一个不认路的出租车司机！这如同一个冻感冒的水暖工，如同一个不认识卷心菜的菜贩子，如同一个不会花言巧语的骗子，如同一个不会憋气的潜水员，如同一个头上没长角、手里没火叉、身上没硫黄臭味的律师①，如同……”

“啊啊啊，够了够了！我懂你的意思！我就是迷路了嘛，这种事总是难免会发生的。这里到底是哪个街区啊？”

他瞪我的样子好似我刚用韩语问他镁元素的化学符号怎么写：“什么‘这里是哪个街区’？我们正站在美德罗尼亚门（Porta Metronia）！罗马城里最美最迷人的地方，所以也是全世界最美最迷人的地方！”

这不可能啊！这次轮到我满脸“你为什么要用韩语问我镁元素的化学符号”的表情了。

美德罗尼亚门恰恰是我出生和成长的地方，我熟悉这里的每一栋房子，每一条街道，甚至铺在地面上的每一块石砖。就是在这里，我总是带着我最好的小伙伴四处游玩：我心爱的小足球。它也认识这个街区的每一堵墙、每一扇窗、每一块

① 这里把律师比喻为恶魔。头上长犄角，手握三齿铁叉和带着地狱焰火气味是恶魔的典型形象。

玻璃，还有伴随着玻璃碎裂声一起传来的一楼住户的每一声吼叫。

但是现在我觉得四周全然陌生，我什么都认不出，也不认识任何人。我向四周张望着，看到有家商店正在出售三色旗、围巾和国家队球衣。我觉得这家应该是阿基里斯“千元店”吧，一个靠近我家的小铺子。你能在他们的货架上找到任何东西，从卷发器到核反应堆，每件商品的单价都是一千里拉。

但是店里挂着的球衣看上去是很多年前的旧款，也许是为了迎接世界杯而生产的怀旧款吧。我转向那位把整个杂货摊都穿在身上的怪先生。

“请问，这家店是因为世界杯才卖国家队球衣的吗？”

“当然！今年我们会再赢的。蓝衣军团加油！让我们在墨西哥捧杯！”

“墨西哥？见鬼了吗，今年的世界杯在巴西！”我大笑着朝他喊道。

“什么巴西，埃及的巴西吗！世界杯在墨西哥！墨西哥86

年世界杯[①]！意——大——利！意——大——利！意——大——利！”他一边大声喊着，一边高举着双臂跑开了，好像刚进了一个球似的。

我明白了，这一定又是车上的里程计价器干的好事。我仍旧茫然地困在原地，不知道身处何处，也找不到一个心智健全的人能给我指指路。

当在考虑尝试走哪条路的时候，我从后视镜里看到一位胖胖的先生。我认得那是我的一位叔公，他正从一扇大门里走出来，向我示意要用车。有个穿着红白两色运动衫的小男孩跟在他身后。那个孩子看着有十岁左右，一头金发，瘦瘦的，非常用力地抱着一只小足球。

二人坐进了我的出租车。

“我们要去罗迪佳尼那里的球场。您知道那个地方吗？”

“是的，我知道。我小时候在罗迪佳尼踢过球。”

---

① 1986年墨西哥世界杯的冠军由阿根廷获得。

“呃……”那位胖先生说，“这种对足球的热情啊，我真是一点儿都没法理解。但是他，小弗朗切斯科啊，简直是狂热呢。”

“小弗朗切斯科，我来问你一件事。你看上去是个头脑清醒又有学问的好孩子，你能告诉我，我们现在正在哪儿吗？”

“这里是美德罗尼亚门。准确地说，是维图罗尼亚街18号。”

“那么现在是哪一年呢？”

“1986年。到今年的9月27日，我就要整整十岁啦。”

“太巧了！我也是同一天的生日！”

我仔细观察着周围，渐渐认出了这些地点。

不知道为什么，我的眼眶湿润了。

一定是太高兴了。

也可能不是。

我终于看清楚了，那家的确是阿基里斯“千元店”，我在店门口的老墙上看到了那块熟悉的招牌。就是在那里，在这家小店的后面，有一块空地，那是小时候的我天天踢球的地方。光秃秃的干泥地，随时尘土飞扬，直到多年之后才被修成一个广场。

“小弗朗切斯科，看看我猜得对不对……去年，你是不是在司米特-特拉斯特韦雷队（Smit Trastevere）踢球？”

“是呀。”小家伙看着窗外心不在焉地回答道。

“你在司米特踢的最后那场比赛里，你进了三个球，对吗？”

“是的，我们赢了个4：1。我进了三个球：一个右脚，一个头球，还有最后一个是点球。我踢了个拱形吊射。”

“那个不叫‘拱形吊射’，你应该这么说：‘我踢了一个勺子’[①]。”

“你确定吗？”

“当然，我非常确定。”

---

① 托蒂在2000年的欧锦赛半决赛的点球大战中踢出了著名的“勺子”点球，这是他的标志性进球之一。

“那好吧，我记住了。”

我看了一眼后视镜。

我们的眼神交汇，忍不住都笑了起来。

我们很快就到达了目的地。

在与他告别，让他自由投身于那片广阔的未来之前，我还有最后一个问题。

“你呢，小弗朗切斯科，长大以后想做什么呀？”